Tobias Tucholski
Entzug der Lebenssucht

Tobias Tucholski

Entzug der Lebenssucht

Illustriert von
Wiebke Schalk

Vorwort

Entzug der Lebenssucht ist mein erstes erschienenes Buch. Es behandelt ausgiebig Depression, negative Gefühle, Melancholie, Schwermütigkeit, aber auch das Thema der erfüllten Liebe. Das Buch ist geschrieben worden, um vor allem Betroffene, aber auch Angehörige, zu unterstützen, sodass sie sich mit den Gedichten identifizieren und Gefühle kompensieren können und sich verstanden fühlen. Es soll ihnen den nötigen Mut geben weiterzumachen, denn auch wenn diese Gedichte durchaus bedrückend sein können, enden sie nicht selten mit einer positiven Endaussage. Dies ist jedoch kein Muss, da auch ich mich nur allzu gern dabei erwische, wie ich in Selbstmitleid versinke und dementsprechende Lyrik lesen möchte.

Es sei also gesagt: Auch wenn wir unsere Sucht nach Leben nicht mehr stillen können und unter Entzugserscheinungen leiden, es geht weiter. Und wenn wir daran arbeiten, uns und unsere Umstände stetig zu verbessern, kann uns ein neuer Morgen erblühen, an dem wir uns nicht mehr wünschen, nicht mehr geboren worden zu sein.

Das Leid ist zwar unabdingbar,
Doch Depressionen bezwingbar!
Bereit zu sein, weiterzuleben,
Ist unser einzig Streben!
Drum brecht die Kette,
Löst Depression, die Klette!
Stumm wird dann das Leid,
Es brauch nur viel Tun und Zeit!

Über Depression **12**
  Über die Illusion, die Realität erträglich macht 12
  Okay 13
  Auf Biegen und Brechen 14
  Verzeihen 15
  Traumflucht 17
  November 18
  Dunkle Macht 20
  Herbstregen 21
  Im Schleier des Nebels 22
  Quarz 23
  Meloholic 24
  Chance 25
  Die sich im Dreck suhlende Kartoffel 26
  Solange der Wille zählt 28
  Cocktail 30
  Preis der Kreativität 33
  Die Maskerade des Selbstportraits 34
  Die unnachgiebige Kornblume 37

Himmelsgedichte **40**
  Die Einsamkeit des klaren Himmels 40
  Die Träumerei unterm schimmernden Nachthimmel 41
  Die Finsternis des winterlichen Nachthimmels 42
  Der Wolkenbruch des instabilen Himmels 44
  Der Abgesang des dämmernden Nachthimmels 45
  Die Rage des stürmischen Himmels 46
  Die Melancholie des bedeckten Himmels 47

Momente **50**

Moment der Kostbarkeit ... 50
Moment der Anerkennung ... 51
Moment des Stolzes ... 52
Moment der Reflexion ... 53
Moment der Unachtsamkeit ... 54
Moment der Einsamkeit ... 55
Moment der Erinnerung ... 56
Moment des Vergebens ... 57

Balladen & Elegien **60**

Die Elegie der blauen Rose ... 60
Aeons Zauber ... 62
Der Einbalsamierer ... 64
Das Liebesleid des Mondes ... 66
Befreit ... 68
Morgenrot - Das Kind der Nacht ... 70
Der Zwiespalt der Lethe ... 73
Der Zwiespalt der Mnemosyne ... 76
Unser letzter Horizont ... 78
Der Rost meines Herzens ... 80
Der Musiker und die Edelfrau ... 82
Der Tränensammler ... 86
Haiku: Der Baum und das Mädel ... 87
Erika ... 89

Tiefstes Schwarz **92**

Der einsame Wanderer ... 92
Entzug der Lebenssucht ... 94

Ein Schritt nach vorn, ein dutzend runter	96
Der schiefe Turm der Emotion	97
Heuchler der Realität	98
Herbst des Lebens	99
Kalter Wind	101
Wenn der Mond über die Schatten wacht	102
Pessimist	103
Selbstentleibung	105
Und der Boden sprach zu mir	106
Abgesang	107
Nachtmahr	108
Revolte	109

Liebe & Süßes — **112**

Rosenkranz	112
Schmetterling I	113
Licht	114
Liebe?	115
Schmetterling II	116
Liebesflammen	117
Süßes Lobgedicht an meine Freundin	118
Heiteres Spottgedicht an meine Freundin	119
Die weiße Lilie	120
Funkentanz	123
Wenn die Liebe Früchte trägt	124
Du	125
Liebesgedicht #74	126
Schmetterling III	127

Sonstiges **130**
    Das letzte Blatt   130
    Die Sanduhr   131
    Klavier und Romantik   132
    Gammeli   134
    Demenz   135
    Für all die   136
    Eine letzte Nacht   138

Eine Art autobiographischer Steckbrief vom Autor + Infos zum Buch **140**
    1. Lebenslauf mit Krankheit   140
    2. Entwicklung der Dichtkunst   142
    3. 10 persönliche Favoriten und warum   143

Danke **149**
Kontakt **150**

Über Depression

ÜBER DIE ILLUSION,
DIE REALITÄT ERTRÄGLICH MACHT

So wie manche Tattoos reden,
Stehe ich partout im Leben,
Obwohl ich früher nie sein wollte,
Stehe ich drüber, wie es sein sollte,
Und schwebe entlang im seichten Traum,
Eine Illusion aus bleichem Schaum,
Meine bevorzugte Weise der Akzeptanz,
Endlos meine Reise der Reaktanz.

Mein Fantasieleben in einer fast heilen Welt,
So werd' ich weilen, doch fällt
Mein Himmel hinab und wird zerfetzt
Von Realität und zerklirrt den Rest .
Mein Leben, welches Leben?
Nur eines Kelches Beben,
Das den guten, doch trügerischen Wein vergießt
Und das Monster befreit aus mein' Verließ!

Bestehend aus einem hohlen Glaskörper,
Laufe ich auf Kohlen wie ein Beschwörter.
Ein Geist, eine leere Hülle, nichts;
Es beißt, oh schwere Stille bricht's.
Der Tag stets verstreicht,
Du pflegst, doch er verbleicht.
Und am Ende wünscht du Wicht dir:
Bitte überall, nur nicht hier!...

Entzug der Lebenssucht

OKAY

Die Sonne versteckt sich hinterm Horizont,
Tränkt den Himmel in tiefstes Schwarz.
Kalte Luft kitzelt meine nackten Arme;
Mit leeren Augen schaue ich in die Dunkelheit.
Keine Sorge, ich bin okay.

Hier stehe ich, gedankenverloren.
Graue Bilder rauschen im Zeitraffer
Vor meinem geistigen Auge entlang.
Merke dir gut, was niemals wieder kommt.
Wehmütig, aber ich bin okay.

Viele verstecken ihre Gefühle,
Sagen nichts, zeigen nichts.
Interessant, wie Menschen sich selbst belügen.
Prosit auf unsere Scheinheiligkeit!
Alles gespielt, aber ich bin okay.

Die Außenwelt ist ein Maskenball,
Keiner sieht, keiner zeigt.
Wer ist ehrlich, wer ist echt?
Die Mundwinkel stets nach unten,
Aber ich bin okay.

Ich sehe nichts, nur nebelhafte Silhouetten.
Gefühle zu leugnen scheint im Trend zu sein.
Doch wem mache ich was vor?
Ich kann mir selbst nicht mehr glauben,
Nichts ist okay…

Über Depression

Auf Biegen und Brechen

Was bleibt, als ein Lüsterner Hauch
Im müden Ohr, was nicht mehr hören will?
Drumherum scheint alles still, doch schrill
Und im messerverziertem Bauch
Wachsen blutige Waben,
An dem sich die Maden ein Festmahl tilgen,
Sich im Blutregen in Lachen laben
Und tanzen wie die Wilden.

Was bleibt, als ein leeres Zischen
Unter der Schädeldecke,
Wo Vernunft gesaugt wird von einer Zecke,
Serviert auf Silbertablett am gedeckten Tische?
Was in mir lebt… Was in mir lebt,
Dass frisst mich mit Haut und Haaren,
Bis sich nichts mehr regt,
Doch werd ich mein Leben auf Biegen und Brechen bewahren!

Entzug der Lebenssucht

Verzeihen

Wieder enttäuscht
Zu viel erwartet
Kritischer Blick
Auf mich selbst gerichtet

Warum griff ich
Nach dem Glück?
Es wich aus
Entfloh meinen raffgierigen Händen.

Was hab' ich getan?
Was hab' ich nur getan?
Labend in den Scherben
Meiner Träume.

Alles kaputt,
Alles zerstört.
Eine weitere Medaille
Für meine Eigensabotage.

Könnte ich meine Ziele erreichen,
Wenn ich es noch einmal versuche?
Meine Ansprüche senke?
Harsche Kritik einschränke?

Lern Fehler zu akzeptieren!
Du darfst dir verzeihen!
Hab Geduld!
Es wird schon mit der Zeit!

Über Depression

So viel zu tun,
Keine Zeit für dich selbst.
Kein Wunder also,
Für die Zweifel an dir selbst!

So viele Ausreden
Bloß Wozu?
Doch nur um dein Leben zu rechtfertigen!
Lern endlich Fehler zu akzeptieren!
Verzeihe dir!

Entzug der Lebenssucht

TRAUMFLUCHT

Ich schweife ab,
Meine Gedanken total banal,
Der Moment ist mir egal,
Ich halt' mich so auf Trab,
Denn mein Antrieb, der ist schlapp.

Ich fliege davon,
Hinüber in eine andere Welt,
Errichte sie, wie sie mir gefällt.
Von der Realität bin ich nun abgekommen,
Voll und ganz vom seichten Träumen eingenommen.

Es ist so wunderbar!
Mein Ich ist fehlerfrei
Und alles was ich will liegt mir bei!
Doch ich merk', mir wird es langsam klar,
Diese Welt ist unbrauchbar!

Ich laufe bloß weg,
Würden sie alle sagen,
Doch wie können sie es wagen!
Ich schmecke tagtäglich meines Lebens Dreck,
Träumen ist auch nur Mittel zum Zweck!

Ich fliege zurück,
Kehre heim ins Hier und Jetzt
Und merke, wie die Wirklichkeit mich zerfetzt.
Nervlich am Ende, nur noch ein kleines Stück.
„Kämpf nicht weiter!" – so schmerzhaft fern vom Glück…

Über Depression

NOVEMBER

Eines Abends in der Melancholie des Novembers verfangen,
Schreibe ich diese Zeilen mit denselben, üblichen Worten,
Um einzufangen, was mich bewegt,
In einer Jahreszeit, so trist wie Geschichten
Über das Hinterherjagen unerreichbarer Träume.

Der Herbst scheint wie eine Pest übers Land zu fegen:
Blätter fallen vom Baum, wie Menschen vom Leben scheiden;
Nässe und Kälte entweicht den Tränensäcken der Wolken
Und das einheitliche Grau des Himmels
Repräsentiert die Hoffnung des einzig Überlebenden.

Keine andere Zeit des Jahres
Lässt mich diese Trübseligkeit spüren,
Nicht einmal der kalte Winter ist so grausam
Wie der tyrannische Herbst.
Erbarmungslos zwingt er uns in die Knie,
Erdrosselt den Antrieb und die Motivation
Und vergräbt sie heimlich im frostigen Winter.

November, der peinigende Monat, der Freudlose,
Der Erbarmungslose, der Quälende,
Der Verachtende und Verachtete;
Der doch so Einsame und uns näher Zusammenrückende;
Der, der den kreativen Geist kitzelt
Und uns Melancholie zu schätzen lehrt.

Das ist November und so bedichte ich ihn,
Im Negativen, als auch im Wertschätzenden.

Entzug der Lebenssucht

November ist wie ein depressiver Freund,
Der uns zwar etwas an Kraft raubt,
Uns aber etwas wertvolles gibt, was man nicht sofort sieht.

Über Depression

DUNKLE MACHT

Als wären Löcher im Regenschirm,
Sammelt sich etwas tief in meinem Hirn.
Ich kann all den Kummer nicht beseitigen,
Zweifel, Ungewissheit, die Streitigen.

Bin so erschöpft und müde,
Ein krankes Herz, so schroff und prüde.
Ich lebte nie und es gibt keine zweite Chance,
Doch Schicksal, ich verlange eine Revanche!

Mein Gehirn geplagt vom Depressionsstich,
Diese dunkle Macht kontrolliert mich!
Wenn alle Farben verbleichen zu tristem Grau,
Nützt auch nichts der hoffnungsvolle Morgentau...

Entzug der Lebenssucht

HERBSTREGEN

Seit Stunden nieselt der Himmel die Erde nass,
Ich beobachte, wie von Büschen und Bäumen,
Der Regen an die Spitze
Der Blätter krabbelt und herabtröpfelt.

Der Herbstwind fegt durch die kalten Straßen
Und weht meine Standhaftigkeit bedenkenlos fort,
Als hätte sie mir zuvor
Nur heuchlerisch Mut zugesprochen.

Mit der Kapuze auf gesenktem Haupt,
Stehe ich einsam und frierend ohne Schirm im Regen,
Unter der Jacke wandelt sich
Ein Mosaik aus Gänsehaut.

Mein Gemüt passt sich dem Wetter an:
Ein einheitliches Grau.
Der Regenbogen nur schwach und blass am Horizont,
Pfützen zeigen mir mein verwahrlostes Gesicht.

An Tagen wie diesen wünschte ich, ich könnte weinen,
Den Druck rauslassen, einen Moment der Stille zeichnen...
Lass mich heute bitte allein,
Solange, bis der Regen aufhört zu fallen...

Über Depression

Im Schleier des Nebels

Tragik umhaucht vom Nebel,
Dicke Luft stiehlt Sicht vom Mädel,
Jede Richtung gleich und nüchtern,
Licht flackert milchig schüchtern.

Etwas nagt an ihren Knochen,
Ihr Seelensee fängt an zu kochen.
Was wird schon von ihr bleiben
Wenn sie vom Leben scheide.

Ein dumpfer Schrei trägt der Wind,
Sie hat erschlagen in ihr das Kind,
Leere expandiert hinter ihren Rücken,
Dem Nebel scheint's zu entzücken.

Kein Vertrauen auf eine Zukunft,
Sinne taub und stumpf,
Ihr vergangenes Ich ist tot,
In Nebels Schleier ruft sie in Not.

Und warum ist sie noch hier,
Warum nicht schon da?
Nur einen Schritt nach vorn,
Für einen Neuanfang!

Was versteckt sie sich in ihrer Misere?
Beweg dich! Los, los beweg dich!
Entflieh dem Nebel,
Der dir die Sicht vom Leben nimmt!

Entzug der Lebenssucht

QUARZ

Willkommen, Willkommen!
Das hast du davon!
Dein Leben, ein Weg voller Steine!
Depressionen kontrollieren deine Beine!

Wo willst du hin?
Heb dein gesenktes Kinn!
Was hast du in dir versteckt?
Lauf bitte nicht weg!

Bleib noch ein Weilchen hier,
Der Sektor ist clear,
Hier ist es sicher,
Erzähl' es mir, Oh du Kläglicher:

Wieso siehst du die Welt im tiefsten Schwarz
Und ignorierst das funkelnde Quarz?
Warum akzeptierst du es nicht?
Es ist dein Licht!

Über Depression

MELOHOLIC

Draußen Nieselregen, feuchtes Haar,
Ich tanze als würd's kein Morgen geben,
Ich fühle mich wunderbar!
Tragödienschauspiel hat mich zu Tränen gerührt,
Endorphine freigesetzt - ich lebe!
Zum Meloholic wurde ich gekürt!

Gedanken im Bett fesseln und knebeln mich,
Einen Fetisch, den ich hege,
Denn ich bin schwermutsüchtig!
Die besten Gefühle sind die tristen,
Es fühlt sich an als würd ich schweben;
Wie wütende Gewitter, doch so wunderschön mit Blitzen.

Melancholie ist mein sehnlichstes Verlangen,
Es bringt mich jedes Mal zum Beben!
Bin ihrem Charme verfangen!
Auch wenn es wie Wahnsinn klingt,
So werde ich es weiterpflegen,
Weil's mein Herz zum Singen bringt!

Vielleicht ist's auch nur mentale Selbstverletzung
Und eine Droge eines neuen Weges,
Doch sie lehrt mir Wertschätzung!
Vielleicht schaufle ich mir mein eigenes Grab
Und werde das Leichentuch selbst weben,
Aber lass mich so leben wie ich es mag!

Entzug der Lebenssucht

CHANCE

Wenn Leben schweigt,
Der Tod bereit.

Wenn der Tod nicht weit,
Der Wille schreit.

Wenn Wille bleibt
Das Glück sich zeigt.

Wenn Glück sich dir verleiht,
Leben, sei bereit!

Über Depression

DIE SICH IM DRECK SUHLENDE KARTOFFEL

Zugedeckt unter der Erde versteckst du dich,
Tage wehen über dich hinweg,
Trautes Heim im wüsten Dreck,
Wahrlich ein Nachtschattengewächs!

Finster wie die Nacht,
Doch gib Acht!
Leg deine Träume noch nicht ab!
Warte nicht darauf bis es kracht!

Wann warst du das letzte Mal verliebt?
Wurdest du zurück geliebt?
Wann ist dir das letzte Mal etwas wirklich Gutes passiert?
Oder hast du jedes Mal nur kassiert?

Mit all diesen Fragen konfrontierst dich täglich,
Auch wenn du weißt, sie sind schädlich.
Klammerst an Erinnerungen, ach so kläglich,
Nur noch Dyskolie bleibt in dir und regt sich.

Fühlst dich als wärst du geschält,
Schutzlos, alles andere als gestählt.
Glaubst das, was dein dubioser Schatten dir erzählt,
Obwohl du genau weißt, dass er dich quält.

Wartest nur darauf, dass dich der nächste Tag verspeist,
Weil du mittlerweile auf alles scheißt.
Gibst dich dem hin und schmeißt
Alles hin, weil es dich zerreißt.

Entzug der Lebenssucht

Du bist die heiße Kartoffel in den Händen
Deiner Freunde, vieles musste bereits enden.
Du bist schwierig zu händeln,
Glaubst, sie würden nur Zeit mit dir verschwenden.

Du siehst nur noch den Dreck an deiner Schale
Und landest, wie üblich, in der selben Spirale.
Und egal wie viele unzählige Male,
Ich versuche zu sprechen zu deiner Zentrale,

Du bist blind, erkennst nicht dein goldfarbenes Inneres,
Redest dir ein, du seist nichts Besonderes.
Aber das ist nicht das, was du wirklich bist!
Erzähle dir nicht so ein Mist!

Du bist so viel mehr!
Und ich weiß du hast es schwer
Und ich weiß du fühlst dich leer,
Dennoch stehen wir hier, wartend auf deine Rückkehr!

Es liegt an dir, ob du es willst oder nicht.
Buddele dich verdammt nochmal aus, lache deinem Leid ins Gesicht!
Dem Schicksal gebührt der Mittelfinger, jetzt ist Schicht!
Komm raus, begrüß dein neues Morgenlicht!

Über Depression

S̃olange der Wille zählt

O gib mir ein Zeichen,
Zähl mich nicht zu Leichen,
Zeig mir des Lichtes Schein,
Ich versuch's, doch will nicht sein!

O Wächter der Zeit,
Wie lange schon hörst meines Herzens Streit?
Alles was ich will,
Ist raus aus diesem Müll!

Und all das, was bleibt,
Behütet die Zeit;
All das, was nicht bleibt, zerfällt,
Schwindet von dieser Welt,

Verwittert irgendwann zu Staub;
So ist des Lebens Lauf.
Und weil's mir hier nicht gefällt,
Schwinde ich hinter diese Welt!

Was hast du mir schon zu sagen?
Stundenlang höre ich mich selber klagen!
Mein wehmütiges Herz zerbricht nicht,
Es zersplittert im Verzicht auf mich!

Was ziehen die Geier ihre Kreise?
Vor mir liegt noch eine lange Reise!
Und weißt'e, was ich nicht leiden kann?
Dass ich so sehr zögere! Los, fang an!

Entzug der Lebenssucht

Und all das, was bleibt,
Verwüstet die Zeit.
All das, was nicht bleibt, zerspringt,
O wehe mir, der Abschied winkt!

Begraben unter dickem Staub;
So ist des Lebens Lauf.
Doch solange der Wille zählt,
Ist's mir wert, auch wenn's mich quält!

Was bleibt mir verborgen
Unterm Himmelsrock von morgen?
Wo ist das, was ich so sehr wollte?
Warum ich dem Leben so sehr grollte?

All das, was mir bleibt,
Bebrütet die Zeit.
All das, was nicht bleibt, zerfällt,
Schwindet aus meiner Welt,

Verwittert irgendwann zu Staub;
So ist des Lebens Lauf.
Und weil mir noch etwas fehlt,
Habe ich den harten Weg gewählt!

Über Depression

COCKTAIL

Eine Portion Zuneigung,
Eine Portion Mut,
Eine Prise Selbstvertrauen,
Jenes wünscht du dir.
Du schüttelst den Drink,
Doch der Deckel fehlt,
Du hältst nicht fest
Und alles kippt daneben.

Eine Portion Zweifel,
Eine Portion Verachtung,
Eine Prise Wut,
Dieses hast du.
Du rührst den Drink,
Immer und immer wieder,
Doch nichts ändert sich.
Und alles bleibt wie es ist.

Eine Portion Scham,
Eine Portion Angst,
Eine Prise Wahnsinn,
Das begleitet dich.
Du fasst den Drink nicht an,
Beobachtest aus der Ferne.
Trotzdem schäumt er über
Und alles Gute wird fortgespült.

Eine Portion Lebensfreude,
Eine Portion Lebenssucht,

Entzug der Lebenssucht

Eine Prise Lebenslust,
Alles außer Reichweite.
Du siehst den Drink nicht,
Da, genau vor dir!
Unsichtbar für dich
Und alles Glück verschwindet unberührt.

Eine Portion Pessimismus,
Eine Portion Dunkelherz,
Eine Prise Griesgrämigkeit,
Sie sind immer da.
Du schmeißt den Drink gegen die Wand,
Er ziert den Raum in schwarz
Und dann dich.
Und alles Negative schmiegt sich an dir.

Eine Portion Verstand!
Eine Portion Veränderung!
Eine Prise Unterstützung!
Dies führt zu einer Wende, deiner Wende!
Du trinkst den Drink,
Er schmeckt nach bitterer Realität,
Aber du gibst nicht auf
Und mit der Zeit befreist du dich
Immer weiter von deinem Leid.

Deine Zeit ist jetzt!
Dein Weg führt geradeaus
Mit einigen Steinen und Löcher
Und Brücken, die neuerrichtet werden müssen.
Doch gib' nicht auf und kämpf weiter!

Über Depression

Gib dich selbst nicht auf!
Gib deine Ziele und deine Träume nicht auf!
Begreife dich; du bist ein Kämpfer!

Entzug der Lebenssucht

PREIS DER KREATIVITÄT

Wenn meine Fähigkeiten versagen,
Ich sie und mich hinterfrage,
Brodelt etwas auf höchster Stuf',
Unzufrieden mit allem, was ich bisher erschuf.

Ein Geschwür bestehend aus dem Scheitern,
Den der Zweifel und die Wut füttern und erweitern,
Und alles setzt in Flammen,
Die Vernunft und Verstand verbannen.

Wenn Kreativität verschleißt,
Hat Perfektionismus seinen Preis;
Wenn dem Geiste nichts Brauchbares entspringt
Und die Frustration einen genüsslich verschlingt.

Solche Tage mag ich nicht,
Ein Gefühl, das den Schädel und Stolz zerbricht;
Ein wahrhaftiges Kreatief,
In dem sich so mancher Künstler schon verlief.

Auszuharren ist das einzige, was man tun kann,
Warten auf den nächsten Tag und dann,
Wenn alles zur Ruhe kehrt,
Wird vielleicht das nächste Werk gewährt.

Über Depression

DIE MASKERADE DES SELBSTPORTRAITS

Still hängt ein Selbstportrait an der Wand,
Der Künstler? Unbekannt.
Die Mimik wirkt kalt und leer,
Die Augen träg' und schwer,
Farben vermengen sich in ein tristes Grau,
Stimmung liegt zwischen rau und lau.
Linien und Konturen sind stark verzerrt,
Etwas an diesem Bild ist verkehrt!

Gesichtszüge ziehen nach unten,
Alles Glück scheint hier verschwunden,
Doch ich kenn' die Antwort auf: "Was soll das sein?",
Und wer das ist und was damit gemeint.
Wenn Gedanken die Gefühlsstränge strapazieren
Und sich an mentalen Knoten runterziehen,
Dann entstellt es das eigene Gesicht
Und versperrt die Sicht zum eigentlichen Ich.

Und jenes bedeutet dieses Bild:
Kummer, Sorgen, Angst, vom Leid umhüllt;
Der Schmerz, die Reue und das Bedauern;
Die Verzweiflung, Wehmut und die Finsternis andauernd.
Ohne Hoffnung, ohne Schutz, ohne Mut;
Nur Einsamkeit, diesen Hass und diese Wut.
Was diese Misere in einem bewirkt,
Sieht man deutlich, denn dies ist ein Selbstbild!

Die arme Seele geziert von Rissen,
Heimgesucht von nimmer endenden Gewissensbissen.

Entzug der Lebenssucht

Und das Gemälde schreit:
"Wieso nur ist mein Herz nicht rein?
Ich will nicht so sein! Nein, ich will nicht länger sein!
Können meine Farben nicht auf einen Schlag verblassen?
Haucht mein Leben aus, ich fühl mich ache so verlassen!
Blank, alles gelöscht; ein reines Weiß,
Erlöst bin ich dann, wenn mich jemand von dieser kahlen Wand reißt!"

Oh, ich wünscht ich könnt dies Portrait erneut zeichnen,
Doch wird kein Zeichen mich erreichen.
Es wurd schon oftmals schichtweise überdeckt,
Lass mich noch einmal sehen, was sich darunter versteckt.
Ich will nun beenden diese Maskerade,
Denn ich find's sehr Schade.
Was verbirgt sich unter all diesen Schichten?
Wie ist es nur so weit gekommen; erzähl mir die Geschichte!

Bitte wehr dich nicht und lass mich ran,
Ich pule die Schichten weg soweit ich kann.
Und? kannst du es sehen?
Bist du fähig zu verstehen?
Du bist ich!
Aber, aber, nun verschließ dich nicht.
Ich zeichnete dich vor langer Zeit
Und nun ist es endlich soweit!

Tut mir leid, ich ließ dich stehen,
Es tut mir wirklich im Herzen weh.
Damals dachte ich, es ändert sich nicht,
Nun erkenn' ich, was das für ein Schwachsinn ist.
Deine Maske bröckelt und meine tut es auch;

Über Depression

Ein freudiges Gefühl erstreckt sich quer durch meinen Bauch.
"Willkommen zurück!", lächelte ich,
Nun kehrt auch zurück, das verloren gegangene Licht!

Das ist mein Selbstportrait!
Und egal wie die Winde um einen wehen,
Ob stürmisch, mit Regen oder ganz und gar still,
Behandelt euch nicht selbst wie Müll!
Nein! Stellt euch auf und schreit hinaus:
Ich gebe mich nicht auf!
Hab mein Lächeln damals verloren,
Nahm heut die Maske runter und war neugeboren!

Entzug der Lebenssucht

Die unnachgiebige Kornblume

Ich bin hier nicht willkommen!
Steh ganz alleine da...
Sie haben mir bereits so vieles genommen,
Doch eines stell ich klar!

Denn eines werdet ihr mir gewiss nicht nehmen:
Meine Hoffnungen; ich werde weiter ringen!
Und auch die Stimme des Mutes zum Leben
Werden eure Spotte nicht verschlingen!

Bin für euch nur ein schandhaftes Unkraut,
Doch ich werde niemals aufgeben!
Auch wenn ihr voll Verachtung auf mich schaut,
Ich bleib stark, halte standhaft dagegen!

Glaubt nicht ihr kriegt mich klein!
Nein! ich zerknicke nicht durch euch!
Wann seht ihr es endlich ein?
Eure Wertvorstellung ist verseucht!

Ich bleib unnachgiebig,
Werd mich euren Vorurteilen entgegenstemmen!
Und irgendwann, so hoffe ich,
Werdet auch ihr die Schönheit meiner Blüten erkennen!

Über Depression

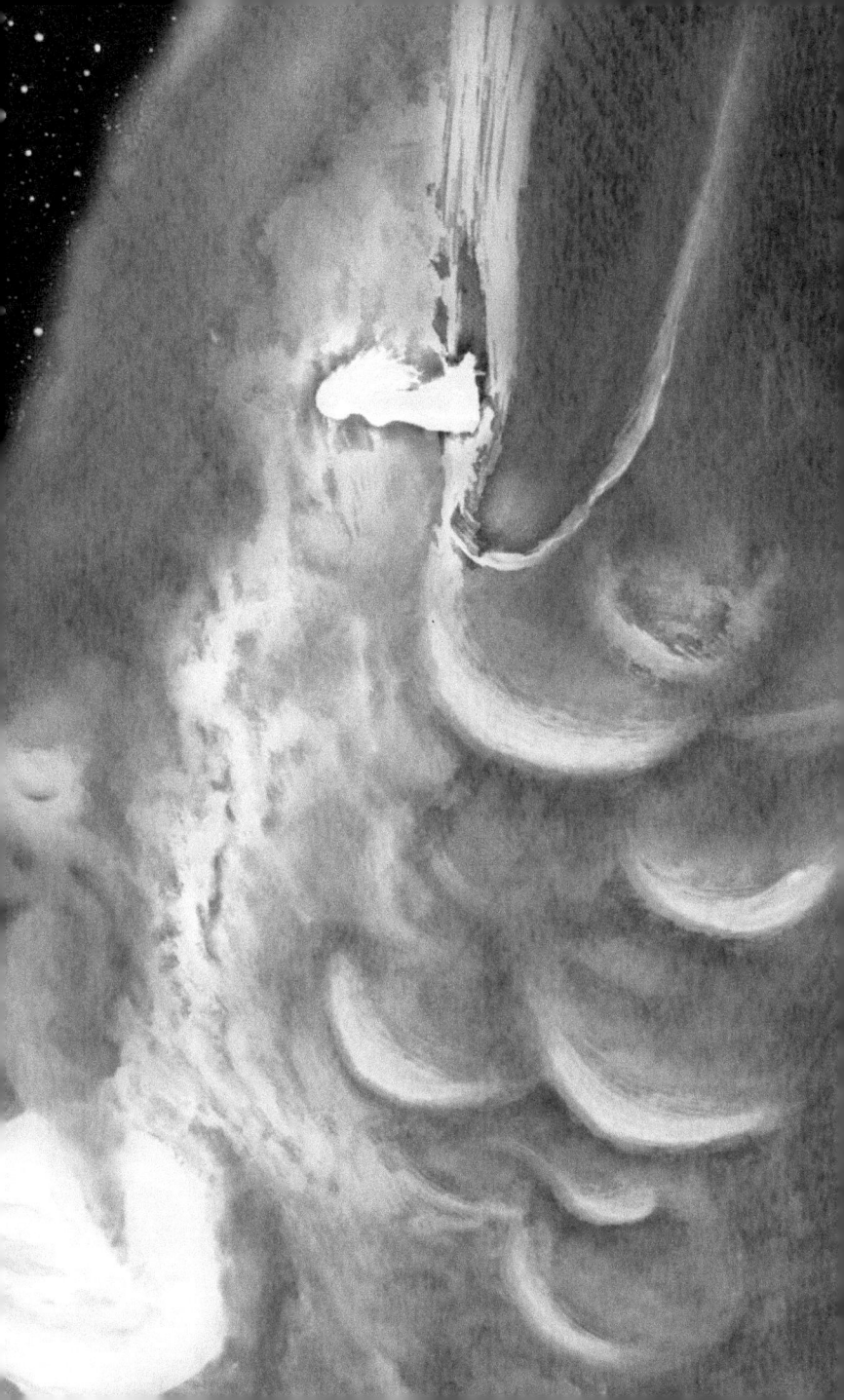

Himmelsgedichte

Die Einsamkeit des klaren Himmels

O leerer Himmel, traurig schaust du aus,
Von den Wolken verlassen, bist ganz entblößt,
Selbst die Sonne scheint durch deine dünne Haut hindurch.
Deine Winde wirken schwach und erschöpft, so lasch…
Ein mutloses Pfeifen erhallt an Küstenklippen,
Ein tristes Echo, suchend nach Hilfe.

Der Tag neigt sich langsam dem Ende.
Es wird still.
Einige letzte Wellen streicheln zärtlich das Ufer.
Ein leiser Hauch küsst dem müden Geäst der Bäume gute Nacht.
Doch mit der Dunkelheit verharrst du tiefer in Einsamkeit,
Lediglich der ferne Mond schaut dir insgeheim zu.

Der träge Wind wandelt sich zum kläglichen Schluchzen,
Du denkst darüber nach, wie leer du doch bist,
Und so versinkst erneut in Selbstmitleid.
Der Horizont, vom Schatten der Erde bedeckt –
Reflexionen von Tränen schimmern am Firmament,
In denen du dich wiedererkennst.

Von der Melancholie ganz angetan,
Gibst du dich ihr unbekümmert hin,
Doch für welchen Zweck?
Wo siehst du den Sinn?
Du und ich, wir wissen ganz genau,
Alles bleibt, es ändert nichts.

Entzug der Lebenssucht

Die Träumerei unterm schimmernden Nachthimmel

Wie gern blicke ich hinauf zu den Sternen,
Ein mystischer Hauch umschmeichelt ihren Charme.
Mich treibt's hinaus in die Ferne,
Schwärmereien halten mich warm.

Ein Glitzerspektakel am Firmament
Im klaren und dunklen Nachthimmel.
Die Sehnsucht in mir brennt
Und schreit nach dem unerreichbaren Traum im Gewimmel.

Trotzig stehe ich hier mit feuriger Brust
Unterm endlosen, schimmernden Horizont
Und meine Augen reflektieren das Glitzern der Lebenslust,
Wartend darauf, dass die Erfüllung meiner Sehnsucht bald kommt.

Himmelsgedichte

DIE FINSTERNIS DES WINTERLICHEN NACHTHIMMELS

Sterne glitzern im nächtlichen Hauch,
Wie Sommersprossen dunkel auf der Haut.
Ein Seufzen zieht durch die Äste,
Verloren sind all' Wünsche und Schätze.

Düsternis, oh zeig mir den Weg heim.
Träume zerfallen, ersticken im Keim.
Hoffnung, ein Mythos nicht nachzugehen,
Uhren ticken, bleiben stehen.

Winterwind konserviert das kranke Herz,
Liebe gefriert und wird zum Seelenschmerz,
Adern zucken verbittert zusammen,
Glück, es schwindet, zieht von dannen.

Im Dunkel bleibt die Sicht verborgen,
Fata Morgana eines Lebens ohne Sorgen.
Langsam verkümmert die Lebenssucht,
Wartend auf den eisigen Abschiedskuss.

Wahrnehmung gekleidet in Illusionen,
Realität gefiltert in kärglichen Portionen,
Suchend nach einem absoluten Sinn,
Doch vergebens, deine Zeit entrinnt!

Kommt die Nacht, so schläft der Tag.
Im Schattenreich ruht ein leerer Sarg.
Schlafes Bruder ist der Tod,
Welch verlockendes Angebot.

Entzug der Lebenssucht

Flüsse hören auf zu fließen, erstarren;
Insekten verstecken sich, verharren.
Der Nachthimmel allein in seiner Bitterkeit,
Exekutiert sich selbst, ist des Lebens leid.

Himmelsgedichte

DER WOLKENBRUCH DES INSTABILEN HIMMELS

Und alles fällt und fällt,
Zusammen, auseinander,
Nieder und vornüber.
Zentralgestirn durcheinander.

Kaputte Füße, die nicht mehr tragen,
Stolpern, hinfallen,
Liegenbleiben, verrotten.
Winde verstummen, nimmer widerhallen.

Grelles Licht auf verwitterte Knochen,
Verbrennt, Entflammt,
Verkohlt, Zerbröckelt
Zu Staub, versickert im Schlamm.

Der Wolkenbruch des instabilen Himmels,
Zerstört, Zersetzt,
Zerfallen, Vergessen.
Schamlos durch einen neuen ersetzt...

Entzug der Lebenssucht

Der Abgesang des dämmernden Abendhimmels

Der Horizont in seinem Abendkleid,
Singt im Abgesang von seinen Leid;
Die Wälder schweigsam lauschten,
Meere leise rauschten.

Jeder Ton, ein Ach und Weh,
Jedes Wort, ein Schmerz so zäh.
Es gibt keinen Halt, kein Rettungsboot,
Lieber sei er tot.

So verlebt er seine letzten Stunden,
Während der Mond zog seine Runden.
Was bleibt vom Tag, unserer Sonn',
Wenn auch sie im Horizont ist zerronn'?

Himmelsgedichte

DIE RAGE DES STÜRMISCHEN HIMMELS

Haltet euch fest!
Mutter Natur faucht und wütet
Durch leere Straßen und volle Wälder!
Geht in Sicherheit, seid behütet!

Der Sturm hört und hört nicht auf!
Es klappern laut die Fenster,
Es brüllt der Wind laut erzürnt!
Es pfeift und heult als wären hier Gespenster!

Wer hat unsere Mutter nur verärgert?
Wer vermochte es sie zu provozieren?
Die Konsequenz ist Chaos und Tumult!
Ihr Zorn erzeugt Gänsehaut, lässt mich frieren!

Der Täter ist entlarvt,
Denn wir alle fielen ihr in den Rücken!
Wir haben ihre Luft verpestet
Und ihre Schönheit zerfetzt in Stücke!

Nun müssen wir dafür herhalten und geradestehen!
Doch ignorieren es die meisten
Und entfesseln weiter ihren Zorn!
Wir auch sind ihre Kinder, und zwar die dreistesten!

Weiter und weiter beschmutzen wir sie,
Alles stirbt vor unseren Augen hinweg!
Letztendlich warten wir auf die letzte Konsequenz,
Bis alles Schöne verdirbt und wir uns laben im Dreck!

Entzug der Lebenssucht

DIE MELANCHOLIE DES BEDECKTEN HIMMELS

Ach bedeckter Himmel,
Was liegt dir auf der Seele?
Was bedeckst du deinen Horizont
Mit Wolken vorm Gesicht?

In letzter Zeit bläst du so viel Trübsal,
Als hätte dir jemand einen Lolli weggenommen.
Tut mir leid, das war unsensibel...
Aber ich möchte wirklich wissen, was dich bedrückt!

Dein Wettergemüt ist ansteckend,
Ich mache mir Sorgen um dich.
Mein Kopf dreht sich um deinen Zustand
Und ehrlich gesagt zieht es mich auch etwas runter...

Dennoch werde ich an deiner Seite bleiben
Und mich um dein Seelenheil kümmern!
So schnell werde ich nicht von deiner Seite weichen,
Weder in guten und noch in schlechten Zeiten!

Erzähl mir, was plagt dich zurzeit?
Wenn es schwer zu verkraften ist,
Dann weine dich ruhig aus,
Ich bin hier und werde deinen Kummer anhören.

Du fängst an zu weinen,
Es ist also etwas Schlimmes.
Ach Himmel, du weißt,
Ich bin für dich da.

Himmelsgedichte

Lass mich dich trösten.
Es ist hart dich weinen zu sehen,
Dein Leid befällt auch mich.
Und Tränen berühren den Erdboden...

Ich kann nicht nach dir greifen,
Ist physikalisch leider nicht möglich,
Aber fühl dich gedrückt und geküsst!
Ich hoffe meine Nähe und Zuneigung erreichen dich.

Wenn ich könnte, würde ich jeden auf diese Weise helfen.
Nur Distanz hält uns davon ab.
Und ehrlich gesagt wäre es mir zu viel
Stets da zu sein und mir all die Sorgen anzuhören.

Deswegen sind diese Worte an alle leidende Seelen gerichtet:
Ihr seid nicht allein und auch nicht schwach!
Es gibt immer jemanden da draußen, der euch verstehen kann
und wahrscheinlich genauso fühlt wie ihr auch.

Nur folgendes versprecht mir,
Auch wenn wir uns nicht kennen:
Leben kann vielleicht nichts Anderes als purer Schmerz sein,
Aber ich bitte dich, bitte gib nicht auf!

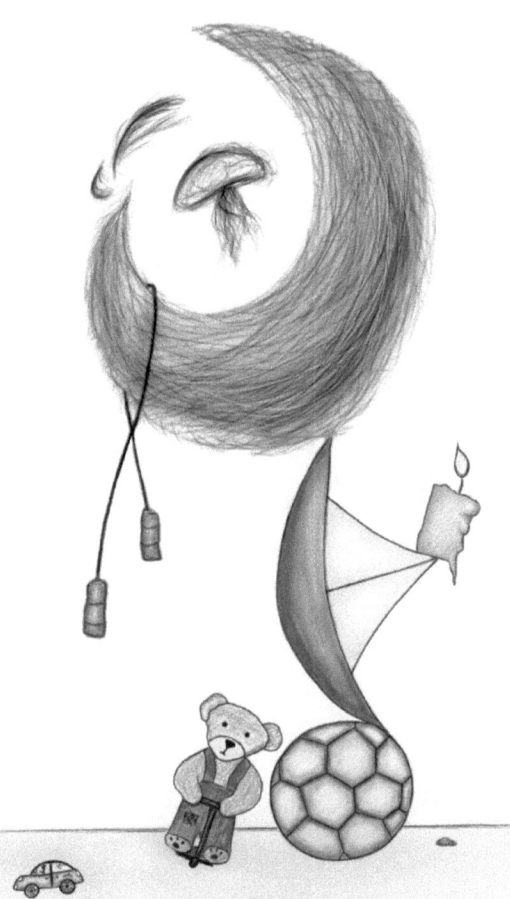

Momente

MOMENT DER KOSTBARKEIT

Wie oft bedichtete ich dich nun?
Wie oft sah ich dich kommen und gehen?
Wie oft faszinierte mich deine Schönheit aufs Neue?
Wie oft saß ich da und schaute dir bloß zu?

Deine Grazie verzaubert mich stets wieder,
Deine Farben rosenrot und orangefarben lächelnd,
Deine Anwesenheit nur von kurzer Dauer,
Dein Anblick unvergleichlich schön.

Morgenrot, das Kind der Nacht,
Morgenrot, der Himmel der Liebe,
Morgenrot, die Stunde der Träumer,
Morgenrot, mein Moment der Kostbarkeit.

Entzug der Lebenssucht

MOMENT DER ANERKENNUNG

Das, wonach Kinder streben
Und Erwachsene zu selten Wert drauf legen;
Nichts berauscht meine Seele mehr,
Als einen Vater, der sein Kind anerkennt.

Momente

MOMENT DES STOLZES

Welchen Stolz trägst du erhobenen Hauptes?
Oder zeigst du ihn gar nicht,
Verdrängst ihn,
Weil andere sagen, es sei verwerflich?

Wer brachte dir bloß bei
Den Stolz zu unterdrücken?
Lass ihn frei, und egal für was,
Klopf dir heute mal auf die Schulter!

Entzug der Lebenssucht

MOMENT DER REFLEXION

Wenn ich in den Spiegel schaue,
Frag ich mich, ob ich das bin;
Ob ich das sein will...

Ich bereue vieles was ich tat,
Was ich nicht bin
Und niemals erreichen könnte.

Was bin ich schon,
Wenn nicht ein Träumer
Und ein Tagedieb?

Wenn ich so nachdenke,
Hätte ich so viel mehr erreichen können,
So viel mehr lernen können.

Letztendlich fantasiere ich
Von Ruhm, Ingenien und Glück,
Doch tue rein gar nichts.

Wenn ich jetzt anfange etwas zu tun,
Könnte ich in einigen Jahren all das erreicht haben,
Von dem ich bisher nur zu träumen wagte?

Momente

MOMENT DER UNACHTSAMKEIT

Eine kleine Freude huscht an dir vorbei,
Sie begrüßt dich wohlbesonnen,
Dir ist's einerlei,
Man wird's kennen:
Die Freude ist schnell zerronnen.

So gehst du weiter,
Als wäre nichts passiert,
Und scheiterst
Daran, zu erkennen,
Was man durch Unachtsamkeit verliert.

Entzug der Lebenssucht

MOMENT DER EINSAMKEIT

Wie stark ich bin,
Wenn du in meiner Nähe bist,
Doch in deiner Abwesenheit
So schwach und verletzlich.

Alle Schatten und Dämonen,
Die du vertreibst,
Kommen nachts vorbei
Und küssen mein Ohr.

Sie küssen bis es blutet,
Kratzen am Gedächtnis,
Öffnen alte Wunden
Und brüten die nächsten Gedanken aus.

Ich spreche mit ihnen,
Bin Ihresgleichen,
Ich bin finster,
So schwach und verletzlich.

In Momenten der Einsamkeit,
Ja, da brauch ich dich!
Nur eine Bitte habe ich an dich:
Bitte umarme mich bald wieder!

Momente

MOMENT DER ERINNERUNG

Und es kam mir nicht in den Sinn.
Neuronen am Feuern,
Die Information entrinnt,
Dir ist's nicht geheuer.

Du siehst mich verärgert an,
Weil ich wieder was vergessen hab.
Ich befürchte, dass irgendwann
Etwas meine Erinnerungen überlappt;

Und eines Tages werde ich sie endgültig vergessen haben.
Und du wirst nicht mehr vor mir stehen irgendwann;
Und ich werde in dem Moment verzagen,
Wenn ich dich nur noch auf Bildern sehen kann…

Entzug der Lebenssucht

MOMENT DES VERGEBENS

Weißt du noch wie früher Funkstille war?
Alle Nähe verkommen, alle Zuneigung verwehrt,
Keiner von uns hat auch nur versucht, den anderen zu verstehen.
Und Tag für Tag schwiegen wir uns an.

Unsere Vergebungs- und Verständnislosigkeit
Verwehrte jegliche Form der Akzeptanz.
Erst nach so langer Zeit und nur einer Szene der Auseinandersetzung
Haben wir die Barriere der Arroganz endlich niedergerissen.

Und nun sitzen wir hier zusammen und was soll ich sagen?
Denn folgende Worte über die Lippen zu kriegen ist ziemlich schwer,
Doch nur mit Vergebung öffnen sich neue Tore und wahre Chancen;
Eines sollst du wissen, werter Vater: Ich habe dich lieb!

Momente

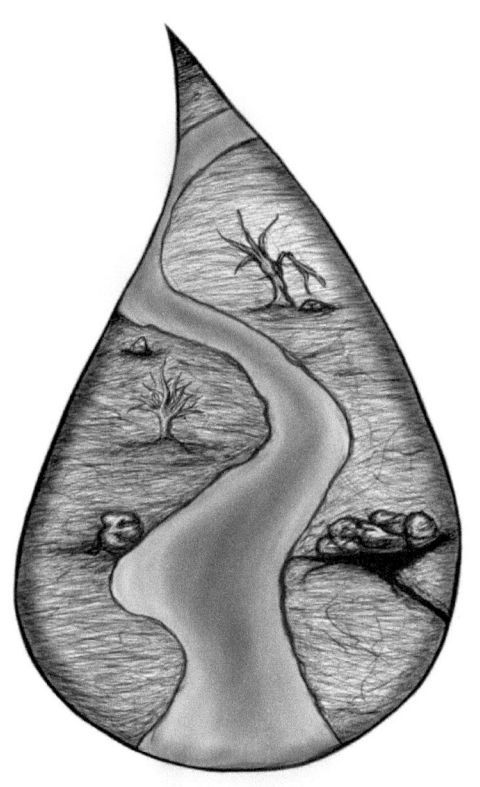

Balladen & Elegien

Die Elegie der blauen Rose

Du, meine blaue Rose,
Das unerfüllbare Verlangen;
Mein Herz reißt sich lose,
Bin unterlegen dem Drang!
Wächst fern abseits von mir,
Spüre dich den ganzen Tag,
Doch bist nicht hier.
Wobei ich mich frag':
„Wo bleibst du?", all die Zeit.
Dein Gift schmerzt sehr,
Deine Absenz bringt mir Leid,
Ohne dich fühl' ich mich ache so leer,
Dennoch bleibt es ausgeschlossen,
Unerfüllbar, aussichtslos,
Ein vergebliches Hoffen!
Du dornige blaue Ros',
Geflochten aus vielerlei Zweifel,
Noch halte ich meine Gefühle im Zaum,
Doch es wird heikel,
Denn du bleibst nur ein Traum!
Ich will es enden,
Diese Sehnsucht nach dir!
Zu viele Gedanken, die ich verschwende,
Sieh! ich bin mich am Verlieren!
Diese Rose trägt giftige Dornen,
Verführt, betört, verwundet;
Niemand entkommt ihr ungeschoren!

Entzug der Lebenssucht

Ihr süßer Zauber so sehr mundet,
Dass es gibt kein Entkommen!
Bin nur ein niederer Sklave,
Mein Bewusstsein ganz verschwommen.
Wie ein Engel an der Harfe,
Flüstert sie liebliche Klänge;
Der hinreißende Anblick
Zieht den Genuss in die Länge;
Welch gefährliches Geschick!
Ja, sie bedeutet mir die ganze Welt,
Gleichzeitig empfinde ich pure Verachtung!
Hach!, wie mein rationales Denken zerfällt
Und es kippt meinen Verstand um.
Am liebsten würde ich dich verbrennen!
Blaue Rose, du herrlicher Leidbringer!
Ich werde mich vom Fluche noch trennen,
Und werd dich knicken mit knöchernen Fingern!
Von allein verwelktest du nicht,
Nur aus Mitleid habe ich dich bewässert,
Als Dank schenktest du mir falsches Licht,
Und hinterm Rücken wetztest du bereits die Messer!
Was war ich ein naiver Narr,
Glaubte tatsächlich, du könntest mich lieben,
Doch jetzt ist mir alles klar!
Nicht du bist hier durchtrieben,
Denn ich bin der eigentlich verdrehte!
Nun leg ich nieder mein Schild;
Alles nur ein Wahn, den ich nur erlebte.
Dennoch bleibt diese Sehnsucht auf ewig unerfüllt…

Balladen & Elegien

AEONS ZAUBER

Wer wagte sich mein Licht zu nehmen
Und ließ mich damit allein in der Kälte stehen?
Egal wohin ich mein Fuß auch setze, es ändert nichts.
Keine Seele weit und breit; kein Mucks, kein Zeichen.
Nur tiefgraue Wolken und das weiße Rauschen der Winde,
Welche mich barfuß in diesem Ödland verkümmern lassen,
Als wäre ich der Einzige, der hier umherwandelt.

So wandere ich ruhelos immer weiter, ohne Bedenken.
Am Ufer des endlosen Ozeans fand ich mich wieder,
Schaute zum stürmischen Himmel empor und klagte:
"Gib mir wieder das Licht und die Farben,
Die du mir nahmst! Es ist zu schwer, es zu ertragen."
Doch mehr als dröhnenden Donner entsprang ihm nichts,
Und Mutter Natur ließ den Regen herabprasseln.

Als ich dort so verzweifelt saß,
Wusste ich nicht ob es der Regen oder meine Tränen waren,
Welche mein Gesicht hinunter liefen.
Aber bald darauf verschwand der Sturm auch wieder,
Die Dunkelheit lichtete sich langsam,
Mein Leib zitterte durch Nässe und Kälte.
Der Countdown zum nächsten Tage läuft langsam herunter.

Die Sonne bricht das Licht am Firmament,
Längst vergessene Farben erkenne ich am Horizont wieder:
Die Morgenröte, Aeon - meine Liebe,
Erstrahlt über das gottverlassene Land!
In diesen Moment überkam mich ein Gefühl,

Entzug der Lebenssucht

So reich an Freude, dass Euphorie Besitz von mir ergriff
Und ich schrie: "Ich bin hier, ich bin am Leben!"

Balladen & Elegien

DER EINBALSAMIERER

Eine Leiche kommt herein,
Eine Frau grazil und fein,
Kupferfarbenes Haar,
Der Körper stumm und starr.

Leichte Spuren des Verfalls,
Seilspuren am Hals,
Schnittwunden am Arm;
Selbstwert voller Gram.

Eine noch so junge Frau,
Ihr Leben doch so grau.
Blaue Flecke zieren ihre Haut,
Die Hilfeschreie waren doch so laut.

Jetzt liegt der Körper vor mir da,
Kämme sanft ihr weiches Haar,
Mache sie hübsch für ihr eignes Grab,
Weil es der Familie am Herzen lag.

Armes Kindlein wusst genau,
Ihr Himmel bleibt und bleibt grau.
Die Wolkendecke schmückt das Himmelsdach,
Bis es über ihr zusammenbrach.

Lippen nicht mehr rot, die Farbe weggerannt,
Nun sie tot und das Licht verschwand.
Keiner wird von ihrem Leid erfahren,
Da war sie sich im Klaren.

Entzug der Lebenssucht

Lebt wohl, Madame,
Begleitet von Trauergesang.
Heute ist der Tag,
An dem ihr friedlich ruhet im Sarg...

Balladen & Elegien

DAS LIEBESLEID DES MONDES

Der Mond strahlt lange schon,
Doch ist's nur Schein.
Was er eigentlich will,
Ist, nicht mehr allein zu sein.

Etwas küsst seine Stirn
Die Sonne lächelt ihn an,
Nur an die Liebe
Glaubt er nicht mehr dran.

Und so schwindet er
Hinter der Erde,
Um seinen Scham
Vor der Sonn' zu verbergen.

Die Nacht stürzt herein.
„Ich will nicht mehr alleine sein!"
So kommt er hervor
Und fängt an, zu weinen.

Denn nun lacht die Sonne die Erde an,
Scheuer Mond ist zu spät.
So muss er zusehen,
Wie auch diese Liebe vergeht.

Der Mond strahlt lange schon,
Doch ist's nur Schein.
Was er eigentlich will,
Ist, nicht mehr allein zu sein.

Entzug der Lebenssucht

Etwas küsst seine Stirn,
Regen verklumpt mit Staub.
So dreht er um
Mit gesenktem Haupt.

Die Nacht stürzt herein
„Ich will mit der Sonne sein!"
Doch bleibt er daheim
Und bleibt allein…

Balladen & Elegien

BEFREIT

Ich steh auf einem Bein,
Das andere wippt überm Grab.
„Warum kann ich mir nicht verzeihen?"
Schreie ich ins Loch herab.

Und es hallt mir wider:
„Was du denkst, liegt an dir allein!
Wie hättest du dein Leben lieber?"
„Ein Leben frei von Bedauern, das wär fein."

Ich setz mich hin,
Beine schaukeln überm Grab
„Was hat das Ganze für einen Sinn?
Ich hab nichts mehr, was ich mag!"

Und es sprach wieder:
„Was ist es denn, was dich bedrückt?
Wie hättest du dein Leben lieber?"
„Ich wünschte, mir wäre mehr geglückt!"

Ich leg mich hin,
Beine hängen herab.
„Ich weiß nicht mehr wer ich wirklich bin",
Sagte ich knapp.

Schmunzelnd gab es von sich wieder:
„Was kümmert es dich noch wer du bist?
Hättest du dich mit dem Wissen darüber lieber?"
„Vielleicht schon, so wie mich der Frust frisst..."

Entzug der Lebenssucht

Ich hüpf ins Grab,
Wütend auf mich selbst, Fäuste geballt.
„Ich habe auf ganzer Linie versagt
Und bin sicher, ich komme zu dir, sehr bald!"

Gelächter ertönte aus dem Loch,
„Dich habe ich doch schon längst empfangen,
Das weißt du doch!
Ruh' in Frieden, arme Seele; du brauchst nicht mehr zu bangen!"

„Leb wohl!"

Balladen & Elegien

Morgenrot - Das Kind der Nacht

Die Nacht war krank und schwanger,
Bevor sie starb gebar sie ein Kind,
Welches die Nacht am Horizont wob
Und nannte es "Morgenrot".

Orangefarben waren seine wolkigen Bäckchen,
Sein Lächeln bezauberte die Herzen der Menschen
Und die Leute standen auf, begrüßten, knufften.
Motiviert fingen sie an zu schuften.

Der Boden so nah' am Mund des Kleinen,
Weizenfelder kitzeln zart am Halse.
Morgenrot ist ein sanftes Kind
Und flüstert einen seichten Wind.

Doch auch Morgenrot kam in die Pubertät.
Wechselte das Wetter wie es ihm beliebt,
Verzog sich höhnisch hinter Wolken,
Den Menschen keinen Respekt mehr zollte.

Und sie klagten und prangerten ihn an:
"Wie kannst du, Himmel, nur deinen Wahn auf uns lassen!"
Grimmig versteckten sie sich in ihren Hütten,
Fluchten weiter; draußen stets am Schütten.

Er kam zu einer Erkenntnis, einer Wahrheit:
Menschen sind nicht schön in ihrer Oberflächlichkeit!
Doch wuchs auch der pubertierende Himmel zum Erwachsenen.
Übte in seinem Scham der Vergangenheit Selbstreflexion.

Entzug der Lebenssucht

Nur weil der Mensch gern nörgelt,
Alles, nur nicht sich selbst beschuldigt,
Heißt das nicht, er müsse an sie denken.
Vielmehr möchte der Himmel ihnen etwas schenken.

Ein Geschenk der Natur: Sonne und Regen.
Pflanzen, die die Menschen brauchen,
Fangen an sich zu recken und zu wachsen.
Dennoch sind sie blind dafür, missachten.

Und so schimpften die Menschen weiter,
Nichts passte ihnen in den Sinn.
Egal was der Himmel auch machte,
Zu überzeugen, war etwas, was er nie schaffte.

Morgenrot nun ein alter Himmel,
Seine einst prachtvollen Farben verlassen ihn.
Um ihn herum wird es still,
Aber nicht, weil er es so will.

Hach, wie wird diese launische Spezies
Es nur schaffen, so ganz ohne ihn?
All sie ruhen, lassen den Himmel alleine,
Nur Poeten sehen in seinen Sternen wahre Edelsteine.

Morgenrot erinnert sich an seine Mutter,
Doch nicht in Trauer, sondern mit einem Lächeln.
So schlief er ein und war tot.
Einen Tag alt wurde Morgenrot...
Die Menschen bemerkten den Verlust,

Balladen & Elegien

Trauerten um ihn und würdigten seinen Tod.
Doch die Welt dreht sich stets weiter, bleibt nicht stehen.
Auch wenn's nicht grad heiter, es muss weitergehen!

Entzug der Lebenssucht

DER ZWIESPALT DER LETHE

> <u>Anmerkung:</u>
> Die Lethe ist ein Fluss der Unterwelt in der griechischen Mythologie. Sein Name bedeutet: „das Vergessen". Man sagt, wer aus diesem Fluss trinkt, der vergisst all seine Erinnerungen an sein vergangenes Leben. Auf diese Weise ist es ihm möglich wiedergeboren werden zu können. Im Gegensatz dazu steht die Mnemosyne, der Fluss des Erinnerns. Durch sie erlangt man all seine Erinnerungen an sein bisheriges Leben und wird mit der Gabe der Allwissenheit ausgestattet.

Abgetreten vom Leben
Stehe ich im Totenreich
Im rötlich-violetten Dämmerschein.
Werfe einen letzten Blick ins Vergangene zurück,
Bevor ich schwinde ins Ungewiss'.

Meine Tage ziehen vorbei,
Die Frage, die sich mir stellt:
Möchte ich ein weiteres Leben?
Oder auf ewig fort sein,
Ein Ende meiner Existenz?

Lethe, der mystische Fluss
Fließt entlang vor meinen Augen,
Eine Wahl gilt es hier zu treffen,
Meine Entscheidung fällt:
Ich schließe den Kreis!

Balladen & Elegien

Am Ufer der Lethe,
Alles kehrt zum Anfang zurück,
Während mein vergangenes Ich
In Vergessenheit ertrinkt,
Nun kann es von vorn beginnen.

Die Sanduhr des Daseins kippt,
Gewinne ich ein neues Leben,
So verliere ich mein Selbst,
Es wär jemand anderes, nur nicht ich!
Sag, welchen Wert hat das schon?

Ich weiß nicht, ob dieser Schritt der richtige ist,
Schon bald würde ich hier wieder stehen,
Game Over, mit derselben Wahl;
Alles zurück, und noch einmal.
Was ich jedoch weiß ist, dass…

…Existenzen zerfallen hier Stück um Stück.
Aber was nützt es mir,
Wenn ich in Vergessenheit ertrink,
Nur um erneut zu beginnen?
Für welchen Zweck leben und sterben wir?

Abgetreten vom Leben,
Stehe ich im Totenreich
Im rötlich-violetten Dämmerschein.
Die Lethe strömt unbekümmert entlang;
Stehe gedankenverloren still da.

All das, was ich einst war,

Entzug der Lebenssucht

Wird fortgespült und vergessen werden;
Wie sollte ich damit zufrieden sein?
Dennoch gilt es eine Wahl zu treffen:
Und ich breche den Kreis!

Denn…

Was ist's schon Wert, unendlich wiederkehrend,
Wenn letzten Endes alles zu Staube zerfällt?
Wo liegt der Sinn?
Tausendmal ein Neubeginn
Ohne auch nur eine einzige Erinnerung, die sich hält!

Das ist die Zwiespältigkeit der Lethe,
Keine Zeit für Ewigkeit,
Alles endet in Vergänglichkeit,
Ich hab gelebt, nun will ich nicht mehr sein,
Trotzdem Danke für die Möglichkeit!

Balladen & Elegien

Der Zwiespalt der Mnemosyne

O Quelle der Weisheit,
Lass mich von dir trinken!
Und du, Welle, trag mich weit,
Lass mich nicht versinken!

Schwärmen tu ich vor Wissensgier,
Lass mich alles wissen!
Und alles lernen will ich von dir,
O, du weiser Fluss der Flüsse!

Meines Lebens Sinn finde ich hier wieder,
Einen Trunk zur Allwissenheit,
Wozu all das Streben, wenn Weisheit liegt hier nieder?
Wozu die vergeudete Zeit?

Du bist alles, was ich jemals wollte!
Ich frag mich, wofür ich am Leben war,
- Doch gewiss allen Respekt ich zollte! -
Nach all den Jahren ist der Moment nun da!

Doch weiß ich, ich kehr für ewig
Ins Totenreich mit alles Wissen dieser Welt,
Doch beißt sich mein Vorhaben ein wenig;
Wissen ist schließlich nicht alles, was gefällt!

Ich wüsste zwar alles,
Doch was soll ich dann tun,
Im Falle eines Falles,
Wenn ich nicht mehr wüsste was nun?

Entzug der Lebenssucht

Was, wenn diese Allwissenheit mir nichts bringt?
Wenn ich schlicht nur noch bin
Und nichts mehr in mir schwingt?
Seh' ich etwa meinen Traum entrinn'?

Und je mehr ich darüber grüble,
Desto mehr schwindet dies Licht.
Zu viel Wehr, mein Gewissen ich zügle!
Vielleicht will ich es doch nicht?

Der letzte Weg, der mir bleibt,
Ist zu vergessen, bei der Lethe;
Und hoffe einen Neuanfang sie mir verleiht.
Ich ging zu ihr, trank und verwehte.

Zeit für einen Neuanfang…

Balladen & Elegien

U̇NSER LETZTER HORIZONT

Ein böses Omen schmiegt sich ans Himmelsdach,
Entsetzte Wolken ziehen über diese Stadt.
Schon bald ist hier nichts mehr so wie früher,
Morgen in der Verteidigung mit meinen Brüdern.

Ich habe gesetzt mein Ziel,
Liebling, ich verspreche dir,
Ich werde heimkehren!
Gott lässt mich schon nicht sterben!

Lass uns diese Nacht unendlich machen!
Lass uns zusammen ein Kind erschaffen!
Lass mich dir das Geschenk des Lebens geben!
Lass es uns nach dem Krieg gemeinsam groß pflegen!

Der gefürchtete Tag ist nun gekommen,
Die Kirchenglocken sind heute nur für uns erklungen.
Zum Abschied einen feierlichen Trunk,
Auf ins Verderben in den Höllenschlund!

Lautes Rattern der Gewehre,
Im Kopf herrscht völlige Leere.
Unser Leben auf dünnem Eise schlittert,
Der ganze Körper bebt und zittert.

Kameraden fallen wie Blätter im Herbst,
Die Lage hier ist ziemlich ernst.
Werden immer weiter zurückgedrängt
Und hinterlassen den Boden blutgetränkt.

Entzug der Lebenssucht

Schreie von denen, die es erwischt hat,
Nicht mehr lange bis zu unserem Schachmatt.
Kein Kommando zum Rückzug,
Uns verlässt des Kampfes Mut.

Kein Verständnis des Krieges Grundes,
Ein Treffer, wurde schwer am Bauch verwundet!
Eingeweide fallen raus, drücke sie zurück,
Sanitäter kommt und versucht sein Glück...

Alles sehe ich verschwomm'.
Vielleicht habe ich zu viel Blut verlor'n...
Mir ist schummerig, kippe um;
Tot... so sei es drum...

Tut mir Leid Schatz, ich werde nicht mehr heimkehren,
Nicht erleben, wie du unser Kind gebärst.
Ich im Blut, Dreck und Staube labend,
Du in Einsamkeit und Trauer badend.

Bis dass der Tod uns scheidet
Und Krähen meine Leiche ausweiden.
Bis das Morgenrot von Neuem beginnt;
Bis unser letzter Horizont aus unseren Augen schwimmt...

Balladen & Elegien

Der Rost meines Herzens

Wie sehr tat mir der Abschied bitt'res Leid.
Wartend auf deine Wiederkehr,
Betete ich jeden Tag in Angst und Einsamkeit,
Die Ungewissheit fiel mir schwer.

In meinem Bauch wuchs ein kleines Kind heran
Und fantasierte darüber, wie es wohl wäre,
Kämest du Heim und hieltest es im Arm, wie im Bann.
Wie sehr ich diesen Traum noch immer begehre…

Doch im vierten Monat kam die erschreckende Nachricht:
Ein Brief in dem stand, du seist gefallen!
In Paralyse stillschweigend, wie ein Messerstich,
Zerfetzt von Realitäts scharfen Krallen!

Zeit verging und unser Kind war geboren.
Der Krieg hinterließ ein verwüstetes Land,
Alles, was man hätte verlieren können, hat man verloren.
Existenzen am Leben, doch nur am äußersten Rand.

Rost befiel mein einst hoffendes, stählernes Herz.
Verlor Kontrolle über Sicht und Leben,
Gedankenverloren mit Kind und Schmerz;
Es kann nur ein besseres Morgen geben…

Mit dem Kriegsende, Länder und Zukunft erhellten,
Unser Töchterchen entwickelte sich prächtig
Und sie sieht dich als tapferen Helden!
Dein Verlust zieht immer noch an mir sehr mächtig…

Entzug der Lebenssucht

Ich wünscht' dich noch einmal zu sehen...
Ich hoffe, dass du uns vom Wolkendach aus sehen kannst.
Dein Bild wird für immer auf meinem Nachttisch stehen,
Unser letzter Horizont vergangen, doch unsere Träume blieben ganz!

Balladen & Elegien

Der Musiker und die Edelfrau

Beladet Euch meiner Liebe
Und kostet meiner Lippen Trank,
Dass Ihr Euch doch an mich schmieget!
Ich warte schon sehnlichst krank,
Auf Eure Antwort
Seit drei Woch';
Und ich hoffe doch,
Dass meine Liebe nicht verdorrt!

Schon beim ersten Erblicken
Verfiel ich des Liebes Wahn.
Was war mein Herz am Erquicken!
Doch versteckt ich mich hinter Scham
Und schaute Euch bloß zu,
Beim edel sein,
Wie Ihr tranket Wein,
Genüsslich in aller Still' und Ruh'.

Und nun brachte ich Euch Lied und Vers,
Sprachet mit Euch, sanget für Euch
In Mondes Scheine und der Kerz'.
Ich hab mich verbeugt,
Ihr schlicht grinstet,
Sagtet, Ihr würdet Euch melden,
Doch nun all Hoffnung verwelken.
War ich nicht der, den Ihr wünschtet?

Mein Herr, mein guter Herr!
Ich brauche noch ein wenig Zeit!

Entzug der Lebenssucht

Euer Gesang rührte mich sehr,
Trug mich in Welten weit
Wie kein anderes Lied!
Viele gibt's von Anwärtern
Mit Rang, Geld und Schwertern;
Doch seid Ihr alles, was im Gedächtnis blieb!

Jedoch seid Ihr'n armer Mann
Und ich eine Edelfrau.
Vielleicht einmal irgendwann,
Doch wär's nicht schlau
Euch zum Gatten zu nehmen,
Denn unsere Zeit verwehrt's!
Jedoch hoff' ich auf ein Konzert
Von Euch, dass mich rührt zu Tränen.

Die Gesellschaft ist noch nicht so weit,
Dass eine Adlige und ein Armer
Zusammenleben in Zweisamkeit;
Auch wenn Ihr seid ein Zahmer.
Und gewiss hege ich ein Interesse,
Doch es darf nicht sein...
Ich hoffe Ihr könnt mir verzeihen!
Ach! wenn man uns doch nur lässe...

Oh holde Braut,
Niemand muss von uns wissen;
Vertraut mir nur, vertraut!
Ich war Euch schon so lange am Vermissen!
Lasst uns treffen geheim, versteckt!
Unser Verlangen kann nicht warten,

Balladen & Elegien

Einsamkeit verdrängen nur Taten,
Drum werft die Hoffnung nicht weg!
Auf der Anhöhe bei Nacht,
Am einsamen Baume,
Der steht in voller Pracht,
Treffen wir uns guter Laune!
Ist es uns gelungen,
So küss' ich Eure Lippen
Und überwinden Liebessitten,
Und winden sich in Lust unsere Zungen!

O Verehrer Ihr,
Beherrschet Euch der Wollust
Und der Gier!
Kümmert Euch um meine Brust,
Sie flammt und brennt,
Es pocht mein Herz,
O süßer Schmerz,
Der sich Sehnsucht nennt!

So wie Ihr nach meiner Liebe trachtet,
So denke ich still,
Dass Ihr mir Fluch und Segen brachtet!
Ihr seid nun alles was ich will!
Enttäuscht mich nicht,
Ihr seid nun mein Liebhaber
Und ich bin Euer, aber
Vergesset nicht Eure Pflicht!

O Freude mir, wie's mich erquickt!
Jeder erstaunet,

Entzug der Lebenssucht

Sofern man Euch erblickt!
Und man gaunet
Mir den Verstand,
Gesegnet mit Euch eigentlich Keuschen!
Nein, ich werde Euch sicher nicht enttäuschen!
Habt Dank, habt Dank!

Wir sehen uns heute Nacht wieder
Und bringet Euer Instrument,
Auf das ich lauschen kann der Lieder,
Die Ihr Euer Eigen nennt.
Bis dahin werde ich Euch vermissen!
Und nicht mehr lang,
Erzeugen wir Herzensklang,
Indem sich sanft unsere Lippen küssen!

Balladen & Elegien

DER TRÄNENSAMMLER

Er wandert durch Täler und Schluchten,
Durch Wüsten und Wälder,
Über Küsten und Buchten.

Ein Unbekannter ohne Nam',
Hilft den Schwachen,
Ob nun reich oder arm.

Er begrüßt ein weinendes Kind:
"Hallo, ich bin der Tränensammler!",
Und Kummer verschwand geschwind.

So ging er fort,
Hängte die Tränen an eine Kette,
Besuchte einen anderen Ort.

Stets ein Unbekannter ohne Nam',
Sammelte er Tränen,
Doch war selbst bitter einsam.

Entzug der Lebenssucht

HAIKU: DER BAUM UND DAS MÄDEL

Ein Baum, das bist du,
Der im Garten stille steht,
Schatten gibst der Magd.

Und es weht ein Wind,
In sanfter, kühler Brise
Über deine Wiese.

Und deine Früchte,
Nascht sie von deiner Krone;
Glück, zweifelsohne!

Was bist du Segen,
Für jenes kleine Mädel,
Mit Früchten edel!

Ja du, Beschützer,
Den das kleine Mädchen lobt,
Dankbar nascht dein Obst!

Noch viele Jahre
Siehst die Kleine aufwachsen,
Unter dir rasten.

Und du, alter Baum,
Bleibst verwurzelt stille steh'n;
Es laufen Tränen;

Als du gefällt wirst;

Balladen & Elegien

Sacht berieselt vom Regen.
Im nächsten Leben,

So sagtest du Baum,
Sehen wir uns wieder,
Verschlung'nen Gliedern!

Entzug der Lebenssucht

ERIKA

Erika, den ganzen Tag könnte ich nur dir zusehen,
Wie fröhlich du im Garten spielst und tobst;
Jagst dem bunten Schmetterling hinterher...
Ich beobachte dich vom Schaukelstuhl aus,
Drei Generationen Unterschied zwischen uns,
Meine kleine Urenkelin, wie du mein Herz erquickst.
Solange die Sonne lacht, so lachst auch du;
Hätte Glück ein Gesicht, so wäre es deines,
Doch an regnerischen Tagen
Kehren finstre Erinnerungen zurück.
Du weinst unaufhörlich, fühlst dich einsam,
Nichts auf der Welt kann dich mehr trösten,
Auch nicht das Erdbeereis, was du so sehr liebst.
Essen hört auf zu schmecken
Und Tränen hören nicht auf, zu fließen.
Und jede Träne, die von deinen roten Wangen
Hinunter purzeln und den kalten Boden berühren,
Ist ein Stich mitten in mein altes Herz.
Lass mich dich glücklich sehen, mein kleiner Engel!
Lange habe ich nicht mehr zu leben.
Und was mit deinen Eltern passierte, bleibt unvergeben.
Deine Mutter ist bei einem Unfall ums Leben gekommen,
Deinen Vater hast du niemals kennengelernt,
Deine Großeltern sind zu arm, um dich zu nähren.
Das Heim wäre es auch nicht wert.
Und meine Zeit ist auch bald reif.
Deswegen lass mich dein kindliches Lächeln
Bis zum Ende sehen.
Dich so zu beobachten beruhigt mich einerseits,

Balladen & Elegien

Andererseits bereitet es mir viele Sorgen.
Wie deine Zukunft wohl aussehen mag?
Kannst du all das Dunkle, was dir widerfuhr
Und noch widerfahren wird, bewältigen?
Wirst du zufrieden mit dir selbst leben können?
Wirst du dich weiterhin einsam fühlen und manchmal weinen? -
Ich wünschte nicht.
Wirst du wahre Freunde finden, die dich schätzen?
Wirst du dein Glück finden und eine eigene Familie gründen,
Mit jemandem an deiner Seite,
Der dein tragisches Schicksal akzeptiert?
Denn nichts wünschte ich dir mehr.
Sei stark, sei glücklich; für Mama, für Papa und Uropa...
Lass mich noch ein Weilchen in Träume schwelgen.
Lass mich noch ein Weilchen an ein Happy End glauben.
Lass mich noch ein Weilchen zuschauen,
Wie du den Schmetterling scheuchst.
Lass mich noch ein Weilchen
Dem romantischen Musizieren der Grillen lauschen.
Oder dem Rasenmäher, hier ganz in der Nähe unseres Gartens.
Apropos, ich müsste auch mal wieder mähen.
Und das Unkraut jäten muss ich auch.
Ach, habe ich die Blumen heute schon gegossen?
Da gibt es nämlich eine, die heißt genau wie du.
Doch ich hoffe, ihre Bedeutung trifft nicht auf dich zu.
Plötzlich bleibst du stehen mit geschlossenen Händen.
Deine Lippen teilen sich zu einem Lächeln,
Stolz läufst du auf mich zu, zeigst deine Errungenschaft.

Tiefstes Schwarz
DER EINSAME WANDERER

Einsam wandere ich umher
Als würde nichts
Meine Seligkeit zurückbringen können;
Und die Sonne strahlt heiter...

Leben habe ich nie als gut empfunden
Und der Selbsthass ist mein treuer Begleiter.
Aber das wird mir meine Courage nicht nehmen!
Diese innere Leere wird mich nicht töten!

Jeder hat seine eigene Geschichte
Und geht trotzig seinen Weg.
Ich bin keine Stärke für andere
Und Kraft habe ich auch nicht mehr.

Nach der Ebbe kommt die Flut;
Mit der Flut kommt die Unruhe.
Nach Chaos folgt Stille;
Mit der Stille kommt die Einsamkeit.

Die Geier kreisen seit Monaten um mich herum,
Wartend darauf, dass mein Herz kündigt zu schlagen,
Mein Blut gefriert in den Adern,
Meine Lungen verlernen zu Atmen.

In dieser Ödnis der Verzweiflung,
Im Nebelbett des Abgesang,

Entzug der Lebenssucht

Suche ich nach dem Glanz,
Der vor langer Zeit verschwand.

Eifrig wandere ich und suche nach dem großen Glück.
Das Funkeln versteckt sich hinterm Schleier,
Ich fange an zu halluzinieren,
Meine Manie erhält meine Misere am Leben.

Auf der Jagd nach dem unerreichbaren Traum
Suche ich auf ewig weiter,
Blind zu dem, was mich bereits umgibt
Und verwelkt in meinem Pessimismus...

Tiefstes Schwarz

ENTZUG DER LEBENSSUCHT

Traurig lauschte ich den Stimmen des Windes,
Ein schlaffes Säuseln, ein halbblindes.
Es weiß nicht wohin mit sich, genau wie ich,
Dieses Dilemma quält mich derzeit täglich.
Welch grausames Schicksal wurd mir erteilt?
Eine Leere im Herzen, die nicht heilt!
Um mich herum tobt zwar das Leben,
Doch innerlich hab ich schon aufgegeben!
Dass ich gerne existiere wäre gelogen,
Zwar gleicht das Leben einer Droge,
Doch die Wahrheit liegt in der Gruft:
Depressionen sind Entzugserscheinungen der Lebenssucht!

Hilflos und niedergeschlagen fühle ich mich jeden Tag,
Wann endlich lieg ich geruhsam im Sarg?
Ein Parasit hat sich an meinen Verstand geklafft,
Jede Kleinigkeit raubt mir all meine Kraft!
Der Gedankenflut bin ich pausenlos ausgesetzt,
Die meinen Willen erbarmungslos erpresst!
Ob es das Leben wert ist, kann ich nicht sagen,
Wenn mich permanent unzählige Sorgen plagen.
Ist es mein Schicksal zu leiden?
Wenn ich könnte, dann würd ich's meiden.
Jedoch lieg ich hier und trauer',
Wie ein Embryo zusammengekauert!

Das Glück ist mir abermals entglitten,
Durchs gesamte Leben hab ich mich gelitten!
Und als würd ich an Substanz verlieren,

Entzug der Lebenssucht

Sind meine Gedanken dabei mich zu konsumieren!
Bin ausgebrannt im trägen Herzen,
Lethargie löschte die Flammen der Kerzen;
Gefühllosigkeit macht sich in mir breit,
Das Ende meiner Heiterkeit!
In meinem Kopf wütet permanentes Chaos,
Drum schauen diese Zeilen so diffus aus.
Der Wind legt sich, gibt auf;
Ich tu ihm gleich und höre auf.

Doch bevor ich gehe, sag ich's nochmal,
Denn Fehleinschätzungen sind fatal!
Die Wahrheit liegt in der Gruft:
Depressionen sind Entzugserscheinungen der Lebenssucht!

Tiefstes Schwarz

Ein Schritt nach vorn, ein Dutzend runter

Meines Herzens große Lücke,
Leben ohne Lieb' und Glücke,
So wahr ich hier stehe
Auf der Brücke
Und ein letztes Mal flehe,
Bevor ich's wag und gehe.

Was gabst du mir, Gott?
Wenn nicht aller Menschen Spott
Und den Hohn euresgleichen!
Mein Dasein gleicht unnützem Schrott!
Werd meines Schattens Seite weichen
Und mich gesellen zu anderen Leichen!

Ich habe nie danach gefragt,
Nie getraut, nie gewagt.
Hatte nie irgendwelche Ziele,
Nur Nachts weinend gesagt,
Ich will für immer liegen,
Eingekuschelt in einer Eichendiele.

Und der Tag ist nun reif,
Ich auf alles pfeif
Und nun wähle,
Dass ich vom Leben schweif!
Ich mein Licht mir stehle,
Langsam von drei runterzähle
Und…

Entzug der Lebenssucht

DER SCHIEFE TURM DER EMOTION

Der schiefe Turm der Emotion
Sich im Mensch befand
Die Lasten nicht erkannt.

Hoch oben, gemein und verzogen,
Saß eine dunkle Macht,
Die finster guckt und lacht.

Sie vermengte Liebe mit Ängsten
Und Selbstwert mit Hass;
Das machte ihr besonders Spaß.

Mit jedem Schmerzebarren, des Turmes schlimmeres Knarren,
Bis er schließlich zusammenfiel;
Diesmal die dunkle Macht gewann das Spiel.

Tiefstes Schwarz

HEUCHLER DER REALITÄT

Was hüll ich mich in feiger Illusion,
Die mich beschützt im mütterlichen Kuss?
Ist mir die Wirklichkeit Überdruss?

Bricht die Schale, so erweicht der Kern,
Ich schreie und kotze vor Angst und Wut,
Ein kleiner Reiz gleicht erstickender Glut!

In meiner eignen Welt lebe ich,
Ein Träumer für alle Zeit,
Doch ich bin es leid! Ich bin es leid!

Befreie mich aus den Angeln,
Der beklemmenden Flucht
Und hauch mir ein, die Lebenssucht!

Kein Heuchler zur Realität will ich sein,
Doch bitte verzeih! bitte verzeih!
Lass mich los, mach mich frei!...

Entzug der Lebenssucht

HERBST DES LEBENS

Ich schau zum Fenster raus,
Die Musik meines Herzens stumm;
Mir macht's nichts aus,
Die Uhr schlägt um.

Ich schaue hinaus,
Die Stadt gekränkt in grau;
Das Essen flau,
Die Nerven taub.

Meines Lebens neue Phase,
Träume verwelken feinst,
Und erinnert sich meine Nase
An Gerüche von einst.

An Gerüche als ich noch jung,
Das Leben noch vor mir lag,
Wir noch küssten mit Zungen
Und Männer gingen auf Frauenjagd.

Umgarnten uns, schmeichelten,
Doch diese Zeit, längst vorbei!
Die letzten Jahre eilten
Und mein Herbst des Lebens kam herbei,

Eine Zeit in der alles in Schwallen,
Anfängt zu verwelken,
Gejagt von Todes Krallen,
Die Erkenntnis, wenn ich in Vergangenheit schwelge.

Tiefstes Schwarz

Was waren die letzten Jahre schon,
Wenn nicht ein verzweifelter Versuch
In alten Zeiten zu wohnen?
Doch wirft sie auf mich ein graues Tuch.

Der Rhythmus meines Herzens stumm,
Tage werden zum Graus,
So sei es drum,
Mir macht's nichts aus…

Entzug der Lebenssucht

KALTER WIND

Kalter Wind umhaucht meine Jahre,
Hungrig lauern mir die Nachtmahre;
Umschmeicheln meine Sterne zum Untergehen,
Dämonen die mich quälen und zähmen.

Für ein Lebewohl bin ich zu feige,
Egal wie viel ich leide;
Der Kehle entfliehen gequälte Schreie,
Bis ich Blut und Herz ausspeie.

Was weiß ich schon von Menschen,
Wenn alles für sie muss glänzen?
Ich tu's auch, doch nur wie ein Stück Kohle,
Welche klebt, wie Kaugummi unter der Sohle.

Und ich fühle, wie mich nichts berührt,
Wie mich jeder Fehltritt die Kehle zuschnürt.
Als hätte ich nichts mehr zu verlieren,
Erst der Zweifel lässt mich das Leben spüren!

Der Horizont kleidet sich in Rot,
Doch hilft mir nicht aus meiner Not;
Was zählen noch die Stunden,
Wenn all Freude ist verschwunden?

Tiefstes Schwarz

W̲ENN DER M̲OND ÜBER DIE S̲CHATTEN WACHT

Wenn der Mond über die Schatten wacht
Und mein Stern mich höhnisch angafft,
Birgt die Nacht eine bittere Kälte,
Als würd' sie nur mir gelten.

Allein durch finstre Straßen,
Enge Gassen und denselben Phrasen,
Die schwermütig durch meinen Kopfe jagen,
Wenn Herz und Seele in Selbstmitleid verzagen.

Ich bin nicht mehr zu retten,
Die Nacht hält mich in Ketten,
Der Wind peitscht mir um die Ohren,
Ich stillschweigend, einsam und verloren.

Der Mond noch immer über die Schatten wacht,
Und während mein Stern mich höhnisch angafft,
Ertönt von irgendwoher ein Abgesang;
Warte noch, es dauert nicht mehr lang...

Entzug der Lebenssucht

PESSIMIST

Trotzig stehst du da, ewiger Knecht!
Denkst du wärst du,
Doch bist in Wahrheit nur besessen
Von einem Parasiten im Kopf, der seinesgleichen sucht.
Gedankenschranken versperren dein Glück,
Ertränken die Freude in Bitterkeit
Und laden alles Negative zur Party ein;
Und du bist der Gastgeber, der Wirt!

Einmal mehr redest du alles schlecht,
Dein Wunsch nach Perfektion,
Ein Hohn deiner Verletzlichkeit!
Ein Wahn deiner Armseligkeit!
Selbstzerstörung war schon immer angenehmer,
Als andere zu verletzen, nicht wahr?.
Wie auto-passiv-aggressiv;
Und wieder reitest dich in ein neues Tief!

Man hört dich überall klagen,
Selbst am Tor zum Paradies,
Einer perfekten Welt,
Doch du glaubst, du seist nicht gut genug für sie,
Degradierst dich selbst bis zur Unvernunft.
Dein Spiegelbild reflektiert eine fremde Person,
Das bist nicht du!
Denn du blickst auf das Produkt eines Parasiten!

Was hast du also, kläglicher Pessimist,
Wenn nicht einen Magneten,

Tiefstes Schwarz

Der alles Negative ins Gehirn schleust
Und das Positive überdeckt?
Negativ stößt negativ ab,
Wo bist du also in dieser grausamen Welt,
Wenn es nichts mehr gibt,
Was dir Freude bringt?

Entzug der Lebenssucht

SELBSTENTLEIBUNG

Begraben in Eitelkeit,
Unbedeutend, trivial.
Verloren in Raum und Zeit,
Längst vergangen, den Tod gefangen!

Ich kann es nicht,
Tag für Tag!
Ich kann's nicht länger ertragen,
Jahr für Jahr!

Ein weiterer Akt,
Spuk finsterer Plagen;
Flucht der Willenskraft,
Hat sich selbst erhangen, den Tod gefangen.

Bin zu tief in dunklen Tälern,
Und ein letztes Mal ein weiterer Fehler!
Begrabe mich in Eitelkeit,
Bin unbedeutend, so trivial!

Tiefstes Schwarz

UND DER BODEN SPRACH ZU MIR

Und der Boden sprach zu mir,
Wund belogen brach es dir
Dein armes, krankes Herz;
Noch warmes, wankt und kehrt's
Zum Boden, versickert, verwest.
Sagenumwoben, es kichert und vergeht.

Ein Engel wird heut geboren,
Ein Bengel wühlt treu auserkoren;
Findet, entrinnt der Herde,
Schwindet in finstrer Erde.
Auf nimmer Wiedersehen,
Lauf! wimmernd und niedergehend.

Der Sumpf empfing ihn mit offenen Armen,
Sein Strumpf hing wie'n Stück hoffendes Erbarmen,
Bis das Wasser ihn erstickt;
Wissend, dass er zerbricht.
Stumm ringen Bauch und Mund
Und ertrinkt und sinkt auf den Grund.

Entzug der Lebenssucht

ABGESANG

Leise entweicht die Luft,
Meine Abwesenheit wächst,
Lethargie gleicht dem Tod.

Das alte Bild, das selbe Leid,
Mein Verstand schreit,
Mein Leben erlischt!

Diese Tage schweren Komforts,
Dieser eine Wunsch
Nach der letzten Stille.

Und hier warte ich auf Erlösung.
Und das war nie das,
Was ich werden wollte!

Frei von den Fesseln der Lebenssucht
Pulsiert meine Brust
Hoffentlich ein letztes Mal…

Tiefstes Schwarz

NACHTMAHR

Komm leg dich ins Bett!
Der Schlaf macht den Stress wieder wett.
Mach die Äugelein zu,
Leg dich zur Ruhe!

Fällst du in Bewusstlosigkeit,
Dann weißt du, es ist an der Zeit.
Doch keiner hält dir die Hand,
Wenn du betrittst ein Schauerland!

Du hast Angst, schlafen zu gehen,
Weil sich die Nachtmahre nach dir sehnen.
Aber es ist egal, ob sie kommen in der Nacht,
Denn mit dem nächsten Morgen wird ein neuer Albtraum entfacht.

Entzug der Lebenssucht

REVOLTE

Erzürne Geist,
In Unbehagen!
Und lass dir sagen,
Was du nicht weißt!

Deine Zeit ist vorüber!
Deine Energie blass und schwach!
Vom Epizentrum fortgetrieben, hach,
Was bleibt dir noch über?

Um deinen Fluch ich nicht bat.
Kannte nichts als Leid,
Hattest Kontrolle über Seele, Herz und Leib.
Wie sich das Blatt gewendet hat!

Deine letzten Breschen fallen!
Der Triumph ist so gut wie mein!
Deine Mauern bröckeln Stein um Stein!
Höre meinen Schlachtruf von überall wiederhallen!

Vom Suizid wolltest du mich überzeugen
Und fast hätte ich es getan!
Ich verfiel im Wahn,
Doch konnte mich dagegen sträuben!

Keine Gnade, kein Erbarmen soll dir gelten!
Einst kleiner Knabe in deinem Sarge,
Verbrachte unzählige Tage,
Trachtend nach der schäbigen Plage Welten!

Tiefstes Schwarz

Scheitern, um zu kämpfen, lehrtest du mich;
Erweiterte stumm meine Krämpfe,
Die mein Fortschreiten im Leben bremste;
Sieh! dein ewig weites Streben hemmt sich!

Stemmt sich aus meiner Haut,
Flieht irgendwo weit, weit weg,
Von meiner Revolte verschreckt,
Verendet es jämmerlich ohne Laut!

Und so schaut's aus!
Mein Leben war ein Graus,
Deine Schäden zwar mein Chaos,
Doch ich mach' nun das Beste draus!

Deine Tage sind gezählt!
Meine Nerven gestählt!
Du hast mich gewählt?
Nun wirst du gequält!

Liebe & Süßes

ROSENKRANZ

Zu Zeiten an denen Distanz
Unsere liebende Herzen vermissen lehrt
Und flechtet einen Rosenkranz;
Die Sanduhr uns hindert
Und Zweisamkeit verwehrt;
Die Sehnsucht es auch nicht lindert.

Weit weg, lang' fort.
Die Sonne sich nicht drum schert,
Und lacht anderen Orts.
Wie sehr vermiss ich's dich zu liebkosen;
Auf deine baldige Wiederkehr
Erwartet dich ein Bett voll Rosen!

Entzug der Lebenssucht

SCHMETTERLING

Was war im Bauch bevor dort Schmetterlinge flogen?
Waren es Raupen, die von meiner Liebe sich nährten?
Oder waren es Maden, die sich in meiner Einsamkeit vermehrten?
Meine Gefühlswelt, wie ein aktiver Vulkan, wild am Toben!

Was war mein Herz einsam still im Raum?
Doch jetzt liegt es jeden Tag und jede Nacht neben deins,
Der Seelenfrieden des Herzens meins,
Fest verwurzelt wie ein Baum.

Was war das Buch meines Lebens zuvor?
Als die Seiten noch vereinzelt lebten
Und schließlich wie bei einem Kaffeefleck zusammenklebten?
Wie leer standen die Zeilen und haben gefror'n?

Was war meine Zeit bloß ohne dich?
Ein Prozess des Gärens und des Reifens,
Um irgendwann deine Liebe zu ergreifen?
So kitschig rosarot, euphorisch und knallig.

Die Schmetterlinge flattern von meinen Mund zu deinem,
Wenn wir uns eng umschlungen herzlichst küssen,
Und segeln sie auf der Venen Flüsse,
Zu unserem Herzen und lassen unsere Liebe weiter Keimen!

Liebe & Süßes

LICHT

Seite an Seite schmiegen wir uns in Herzlichkeit
Und erzählen von früher,
Über eine längst vergangene Zeit.

Mein Körper wärmt den deinen
Und spüre den zärtlichen Hautkontakt
An Armen, Körper und Beinen.

Die Nacht könnte ruhig ewig währen
Und Insomnie uns Liebe lehren,
Während Traum und Zeit uns genüsslich verzehren.

Mein Ein und Alles, ums kitschig zu formulieren;
Und wärst du nicht hier bei mir,
Würde sich mein Seelenheil wohl kaum kurieren.

Mit diesem Gedicht will ich dir sagen: "Ich liebe dich!"
Und dass ich dich nicht missen will,
Denn du bist mein hoffnungsschimmerndes Licht!

Entzug der Lebenssucht

LIEBE?

Was erlaube ich mir Tagedieb!
Ich tu dies, tu das,
Ich hab dich unendlich lieb
Und so viel Spaß!
So fröhlich kunterbunt,
Ich grinse bis über beide Ohren,
Meine Lippen schon ganz wund,
In dein Antlitz hab ich mich verloren!
Wie ulkig meine Phrasen klingen,
Die Liebe benebelt meinen Verstand!
Ich würd am liebsten springen
Und dich auffordern zum Tanz!
Nein, nein, das darf nicht sein!
Mein Hirn schwabbelt bloß noch herum,
Ich bin vollkommen dein,
Ich bin vollkommen dumm!
Ich will deine Liebe spüren,
Deinen Körper fühlen,
Dich zum Essen ausführen,
Meine Kotze runterspülen!...
Mein Herz zerspringt in deiner Gegenwart,
Noch nie im Leben fühlte ich so was!
Auch in meiner Hose ist's ständig hart!
Ich brauche Hilfe, was ist das?

Triebe?
Friede?
Intrige?
Oder etwa: Liebe?

Liebe & Süßes

SCHMETTERLING II

O Du! meine einzig Herzens Dame!
Wie rosig Du mein Herz erquickst,
Welches pulsiert Deinen Namen
Und beim Antlitz Dein schneller tickt!

Und den Schmetterling, den Du mir platziertest im Bauch,
Flattert vergnügt in sinnlicher Pracht,
Seine Winde benebeln mich im liebreizendem Hauch,
Was mich zugegeben ein wenig doof macht.

Und wenn Du darüber lachst,
Voll Lebensmut, froh und lebendig;
Strömt in jede Zelle unsrer Liebe Kraft!
Immer und wieder und beständig!

Und versinkst Du sacht in meinen Arm,
Stockt die Zeit, bleibt kurz stehen,
Der Augenblick wie Mutzen süß und warm,
Und deren Düfte uns umwehen...

Spürst Du meine Lippen zärtlich Deine küssen?
Und meine starken Hände Deinen Rücken stützen?
Spürst du die Larven der Liebe in unserer Venen Flüsse?
Und den Instinkt, dich immer zu beschützen?

Du bist der Schatz auf meiner Insel,
Auf meinem Gemälde führst Du die bunten Pinsel,
Um meinen Schatten herum bist Du das Licht,
Von aller Zeiten Poesie bist Du das allerschönste Gedicht!

Entzug der Lebenssucht

LIEBESFLAMMEN

Was bist du mir
Mein wertvollster Schatz,
Meine Schöne, mein Spatz.
Meine Liebe zu dir
Ist heller als Licht
Und wärmer
Als alle Sonn' zusammen.
Raubst mir Atem und Sicht!
Ich, der Schwärmer,
Umschlungen von Liebesflammen,
Liebe dich
Bis ins Unendliche;
Wir sind zwei Unzertrennliche!

Liebe & Süßes

SÜßES LOBGEDICHT AN MEINE FREUNDIN

Bei dem Mondschein in der Nacht,
Bin ich es, noch stets wach.
Schaue auf deine Augenlider,
Kein Anblick wär mir lieber.

Dein schlummerndes Gesicht,
Keine Möglichkeit zum Verzicht!
So süß liegst du da
Und kitzelst meine Nase mit deinem Haar.

Ich könnt dich die ganze Nacht beobachten
Und wünscht meine Fantasien an deine Träume zu verfrachten.
Hach! welch ein Glück,
Wenn du näher zu mir rückst!

Mein Arm unter deinem Kopf schon längst taub,
Deine Präsenz mir den Atem raubt,
Kuscheln bis zum Morgengrauen,
Ich will nur dich und keine andere Frau!

Entzug der Lebenssucht

HEITERES SPOTTGEDICHT AN MEINE FREUNDIN

Bei dem Mondschein in der Nacht,
Bin ich es, noch stets wach.
Schaue auf deine Augenlider,
Dein Anblick ist mir zuwider!

Sabberst und schnarchst aus vollem Rohre!
Nicht einmal Ohropax schützen mehr meine Ohren!
Und fängst du wieder zu knirschen an,
Batsche ich dir eine so doll ich kann!

Ich habe dich zwar unendlich lieb,
Aber beim Schlafen machst du dich unbeliebt.
Drei Tage wach, was soll ich machen?
Ruhe finde ich nur noch beim Kacken!

Stößt dauernd Sachen vom Rand,
Deine Tollpatschigkeit ist echt Elefant!
Facepalm zertrümmert meinen Schädel,
Was habe ich bloß für ein Mädel...

Liebe & Süßes

DIE WEIßE LILIE

"Sei unbefleckt!"
So hätten dich andere gerne.
Aber dein Leben hatte nun mal Löcher,
In die du reingefallen
Und schmutzig geworden bist.

Der Dreck der noch immer an dir haftet,
Den kann ich zwar nicht wegklopfen,
Aber zumindest erträglicher machen.
Und so ein durchgeknalltes Mädel,
Das eine Geschichte zu erzählen hat, ist mir lieber.

Viel, viel lieber sogar.
Ehrlich gesagt schon so sehr,
Dass mich andere Damen gar nicht mehr interessieren.
Ich will nur dich, meine kleine, verschmutzte Lilie.
Nur dich will ich bewässern und pflegen.

Deine prachtvollen Blüten strotzen vor Lebensenergie
Und ihnen wohnt ein Zauber inne.
Den Zauber mir auch etwas davon abzugeben
Durch deine bloße Anwesenheit.
Mein Dauergrinsen hört gar nicht mehr auf, siehst du?

Seit dem Tag, an dem du mich angelächelt hast
Und ich mich auf dich einließ,
Hatte ich noch nie so schöne Tage verbracht.
Wie viel ich dadurch erlebt habe
Und wie ich dank dir noch kreativer und stets besser wurde.

Entzug der Lebenssucht

Doch ich glaube, da lastet ein Fluch auf dich,
Glück hat eben seinen Preis,
Und bei dir muss er enorm hoch sein!
Und wenn ich so darüber nachdenke, kommt es mir in den Sinn -
Ja, ich weiß es ganz genau!

Du kannst nicht so einwandfrei sein,
Natürlich hast du einige kleine Makel,
Aber die sind bekannterweise normal.
Dennoch stellst du mir einen zu großen Segen dar,
Als dass ich unbeschadet da wieder herauskomme, denn:

Es gibt da einen gewissen Mythos
Über eine weiße Lilie, die du bist.
Nämlich, dass du einen betörst
Und dein Opfer auf ewig auf deine Seite ziehst,
Dich wie eine Göttin verehrt; und du bist meine Göttin!

Ja, ich will dich so sehr!
Am liebsten würde ich mit dir verschmelzen wollen!
Aber das ist dein Plan! Das ist deine List!
Du saugst mir mein Blut aus wie ein Vampir
Und kleidest dich mit meiner Haut.

Von da an werden wir eine Person sein.
Du bist fast wie ein Parasit,
Doch bist du auch mir von Nutzen.
Wir leben eher in Symbiose,
Du bist für mich da und ich für dich.

Doch wenn ich dich Blümchen so angucke,

Liebe & Süßes

Dann frag' ich mich,
Ob ich schon verrückt geworden bin
Oder du mich mit deinem Duft benebelst.
Das ist doch nicht mehr normal!

Ich finde dich so hübsch, so süß;
So bezaubernd, so verführerisch.
Du machst mir Heißhunger auf deine Liebe,
Ich will nur dich! Nur dich und nochmal dich!
Lass uns eins werden, lass mich deine Lilie sein - für immer!

Entzug der Lebenssucht

FUNKENTANZ

Es tänzelt ein kleiner Funken durch die Luft,
Erhellt das Finstre bevor er verpufft.
Kurz war seine Existenz,
Doch beachtlich seine Präsenz.

Für einen Augenblick, da wärmte er den Fleck
Anschließend glühte er weg.
Auch mein Herz, das blieb nicht unberührt,
Der kleine Funken hat mich verführt!

Bewegte sich mit graziöser Eleganz,
Voller Anmut, welch hinreißender Tanz
Kreiert vom Feuer,
Wenn auch ein recht scheuer.

Nun schau ich ihm wehmütig hinterher.
Hach, der Abschied fällt mir schwer.
Ästhetisch tänzelte der kleine Funken durch die Luft,
Erhellte mein Finsteres und ward verpufft.

Liebe & Süßes

WENN DIE LIEBE FRÜCHTE TRÄGT

Ach du, meine herrlich schöne Muse!
Nun sitzen wir hier am Fuße
Der Abendröte und stille lauschen
Der Wellen musizierendes Rauschen.

Neben uns, in prachtvoller Blüte,
Ein Kirschbaum, des Frühlings anmutige Güte.
Du schaust zum Baum, zu mir, zum Meer,
Dein Schild schmilzt, setzt dich nicht zur Wehr.

So küsste ich die Stirne dein,
Du genießest, schließest die Äuglein fein.
Ich fragte: "Hättest du je erwägt,
Dass unsere Liebe solch süße Früchte trägt?"

Und du glücklich lächelst.

Entzug der Lebenssucht

Du

Wenn der Engel ein Gesicht hätte,
So wäre es deins.
Wenn der Teufel Humor hätte,
So wäre es deiner.

Wenn die Sonne Hoffnung spendet,
So wäre es deine.
Wenn ein Schatten die Wände beschmückt,
So wäre es deiner.

Wenn Kunst einen Namen kennt,
So wäre es deiner.
Wenn Musik um einen Tanz bittet,
So wäre es deiner.

Wenn mein Wesen sich nach Liebe sehnt,
So wäre es deine.
Wenn mein Magen nach Essen giert,
So wäre es deines.

Wenn du heiraten wollen würdest,
So wärest du meins.
Und wenn die Torte weg wäre,
So läge es zugegeben an mir.

Liebe & Süßes

LIEBESGEDICHT #74

Beim Anblick der leuchtenden Sterne
Denk ich an dich und weiß:
Dich hab ich gerne!
So laufen Gedanken im Kreis.

Du, die einzige in meinem Kopf
Und die Sehnsucht meiner Arme;
Mein Herz nur für dich klopft,
Du reizvolle, attraktive Dame!

Um dir mache ich mir ständig Sorgen,
Auch ohne triftigen Grund,
Und träume von unseren Morgen,
Unserer Zukunft und Ehebund.

Keine andere Frau war ich so sehr am Lieben
Und bei keiner anderen Frau
Waren sie so stark meine Triebe,
Wie bei deinem Vorbau.

Das war unromantisch, ich geb's zu.
Meine Begierden sind halt so,
Es lässt mir keine Ruh'.
Mein Hirn ist voll mit deinem Po!

Aber genug dieser Schmuddeleien.
Ich liebe dich wirklich sehr,
Mein wärmster Sonnenschein,
Du bist mein einzig wahrer Begehr!

Entzug der Lebenssucht

SCHMETTERLING III

Weißt du noch, wie unsere Liebe flammte,
Wie unsere Wurzeln ineinander verrankten,
Wie Schmetterlinge im Bauche flogen,
Die Kitzelschlachten, all das Toben!

Weißt du noch, nie werd ich es vergessen,
Die Hochs, die Tiefs, die Tristessen,
Wie haben diese Zeiten gesessen;
Als wär unser Weg wie von Geistern besessen!

Doch nie – nie! wird unsere Liebe enden!
Nur Gegebenheiten, die sich drehen und wenden!
Das Leben ist ein stetig Auf und Ab,
Doch von dir werd ich nimmer satt.

Badend in Wonne lieg ich da,
Labend an Reichtum dir, meine Sonne, oh ja!
Ich schmecke deine Süße, liebkose den Hals,
Wartend auf dein Echo, ein Widerhall.

Meine Liebe dir ist unermesslich,
Selbst die Makel, die schätz ich,
Und viele davon hast du nicht,
Wenn ich schaue in dein wunderschönes Gesicht.

Drum lass mich dir lehren,
Ich wird dich wie eine Göttin lieben und ehren,
Und egal wie es wird unser Lebenslauf,
Denk ja nicht, meine Liebe hört jemals auf!

Liebe & Süßes

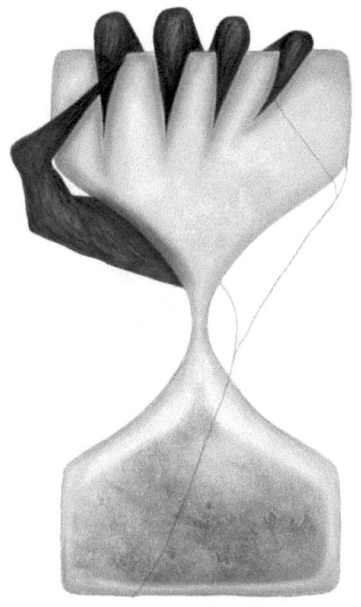

Sonstiges

DAS LETZTE BLATT

Fernab, fernab,
Das letzte Blatt
Knistert und knackt
In dieser Stadt.

Wie auserkoren
Hängt es oben
Im Eise gefroren
Und verwoben.

In kalter Einsamkeit
Flüstert die Zeit,
Dass nichts auf Dauer bleibt;
Oh, welch Herzeleid...

Und Recht behielt sie:
Das Blatt fiel,
Doch sieh':
Das ist das Ziel!

Entzug der Lebenssucht

DIE SANDUHR

Ich schaue auf die Sanduhr,
Dreh' sie um,
Beobachte in voller Ruhe,
Bleibe stumm.

Korn um Korn fällt herab
In Zeitlupe,
Vom Anblick nimmer satt,
Wirres Gespuke.

Getrieben von Wissensgier
Allein auf weiter Flur,
Der Unterschied zwischen dir
Und der Sanduhr:

Wenn sie kippt, beginnt sie
Erneut;
Und bei dir ist es wie
Gestern und heut:

Du fällst hin, stehst wieder auf,
Gehst weiter,
Führst fort des Lebens Lauf
Auch wenn mal scheiterst!

Bestimmen kannst dein Glück nur du,
Mit deinen Händen!
Und so schaue ich der Sanduhr zu,
Bis zum Ende.

Sonstiges

KLAVIER UND ROMANTIK

Jeden Abend setze ich mich ans Klavier,
Ein Glas Wein, melancholische Melodien,
Kerzenlicht, gemütlich hier;
Die Stimmung ein kühles Aquamarin.
Meine Hand gleitet über die Tasten,
Drücke sie runter ganz sachte.
Lasse meinen Finger rasten,
Der Ton mir Genuss brachte.
Ich bleibe entspannt, ganz ruhig,
Verschiedene Farben füllen den Raum,
Spiele das Liedchen bis zum Ende durch,
So leise und grazil, man hört es kaum.
Die Emotionen verteilen sich in der Luft,
Schmiegen sich aneinander,
Paaren sich mit dem Kerzenduft,
Und tanzen eng beieinander.
Noten erklingen in Harmonie,
Umschmeicheln mein Ohr
In romantischer Zeremonie
Und singen sanft im Chor,
Akkord für Akkord
Und Ton für Ton,
Setze ich die Musik fort,
Die in meinem Herzen wohnt.
Das Abendrot in voller Pracht,
Der Wein schon leer,
Es wird Nacht
Und ach so herzensschwer.
Die Melodien verstummen,

Entzug der Lebenssucht

Der Klavierdeckel unten,
Kein Geräusch, kein Brummen.
Ab ins Bett, leicht angetrunken.

Sonstiges

GAMMELI

Deine Süße ist vergangen,
Nun du bist fauliges Obst,
Gammelst griesgrämig vor dich hin,
Im Schatten der Baumkrone,
Die unterste Schicht,
Am Boden angekommen.

Du greifst gar nicht erst nach oben,
Warum auch?
Zugekuschelt auf der Wiese,
Hier im Gras ist es doch auch bequem.
Bei Eltern war es auch nicht anders,
Der faulige Apfel fällt eben nicht weit vom Stamm...

Entzug der Lebenssucht

Demenz

Manchmal habe ich Angst dein Gesicht zu vergessen,
Deinen Namen und was du mir bedeutest.
Einfach alles über dich.
Zu dieser Zeit bin ich so schrecklich schwach,
Dass ich wünschte, ich sei tot.
Es ist verstörend, dieses unerträgliche Elend.
Diese Art von Leben ist die Hölle selbst.

Jede Erinnerung und jeder Moment ertrinkt in Vergessenheit,
Ich wär nichts Weiteres als eine leere Hülle,
Eine Puppe ohne Vergangenheit und Zukunft.
Jeden Tag werde ich neugeboren
Und sterbe mehrmals in der Stunde.
Jeden Tag, immer und immer wieder.
Ich drehe mich im Kreis und erlebe nichts.

Sonstiges

FÜR ALL DIE

Dort sind Meere aus Flammen,
Die mein Inneres niederbrennen.
Töricht lasse ich sie glühen,
Bis es meinen Kern zerfrisst.

Das ist für all die, die ich verletzt habe!
Ich fühle mich entschuldigen zu müssen,
Hier und jetzt,
In diesem Klagegedicht!

Manchmal gibt es Momente,
Die du nicht kontrollieren kannst
Und du andere enttäuscht,
Weil du die falsche Entscheidungen triffst.

Ich habe viele Fehler gemacht,
Aber selbst bin ich keiner.
Auch wenn ich mich manchmal so fühle.
Ich will zumindest nicht daran glauben.

Erinnerungen an das, was ich getan habe,
Verspeisen stückchenweise meine reumütige Seele.
Ich fühle mich schlecht deswegen,
Auch wenn du es anders siehst.

"Es ist passiert und wir sind durch damit."
Aber ich noch nicht!
Mein Herz blutet weiter,
Ich schäme mich für mich!

Entzug der Lebenssucht

Für jede schlechte Erinnerung,
Die du mit mir teilst
Und meinem selbstsüchtigen Verhalten,
Dessen ich mir noch nicht bewusst war.

Ich wollte nie ein Ende unserer Geschichte!
Alles was mir noch bleibt
Ist sozusagen zu sagen:
Es tut mir leid! Es tut mir leid!

Sonstiges

Eine letzte Nacht

Eine letzte Nacht;
Lass die Kerzen herunterbrennen,
Dieser Moment soll ewig währen,
Doch es wird Zeit weiterzugehen.
Du lehrtest mir nicht aufzugeben
Und dass ich alles erreichen kann.
Du schenktest mir Nähe
Und dafür bin ich dir unendlich dankbar!

Ich ernte was ich säte,
Eine letzte Erinnerung mit dir.
Es tut mir in der Seele weh!
Ich bereue viel zu viel!
Was ist mit uns geschehen?
Ich sagte ich werde dich niemals gehen lassen,
Lass es bitte nur ein Albtraum sein,
Aus dem wir aufwachen müssen!

Ich schaue gen Himmel,
Die Sterne schwinden,
Schmerz bahnt sich seinen Weg
In mein reumütiges Herz.
Deine Bilder verblassen an der Wand,
Sachte klingst du aus meinem Leben aus,
Findest dein eigenes Glück
Und ich vergesse zu sagen, was wirklich wichtig ist –
Es tut mir Leid...

Eine Art autobiographischer Steckbrief vom Autor + Infos zum Buch

1. Lebenslauf mit Krankheit
2. Entwicklung der Dichtkunst
3. 10 Persönliche Favoriten und warum

1. Lebenslauf mit Krankheit

- Geboren am 12. Dezember 1994 in Schwerin, Mecklenburg-Vorpommern
- Ausbruch der Krankheit im Alter von 8 Jahren
- Erkrankungen: schizoaffektive Störung, Depression
- Mit ca. 10/11 Jahren Beginn von Suizidgedanken und -fantasien
- Mit 14 Jahren Verschlimmerung der Depression bis hin zur schwerer Depression innerhalb der nächsten Jahre
- 2011 Ausbildung zum Bäckergesellen angefangen, außerdem der erste Psychiaterbesuch und ambulante Behandlung
- 2012 stationärer Aufenthalt in der Jugendpsychiatrie
- 2014 Aufenthalt in der psychiatrischen Tagesklinik, außerdem: trotz schwererer Umstände Ausbildung erfolgreich abgeschlossen

- Ebenfalls 2014: kurz nach der Ausbildung Verschlimmerung der Depression zu schwerster Depression mit Suizidvorhaben (nie durchgeführt, da →), erster Burnout (höhere Anfälligkeit gegenüber Burnouts durch Schizophrenie), seltsamerweise hörte Depression schlagartig auf, trat nur noch gelegentlich und in deutlich abgeschwächter Form zum Vorschein (bes. Herbst/Winter)
- 2015 schwerwiegender Burnout durch schlechtes Arbeitsverhältnis und Umständen → 1 Jahr lang arbeitsunfähig, Ausbruch von Sozialphobie
- 2016 Beginn einer medizinischen Rehabilitation für psychisch Kranke (6 Monate)
- 2017 nahtloser Übergang in eine berufliche Rehabilitation (13 Monate), hier lernte ich meine wundervolle Freundin (nun Verlobte) kennen, die dieses Buch mit ausgezeichneten Illustrationen versorgte (ganz viel Liebe an der Stelle ♡), Besserung des Allgemeinbefindens, Stärkung von Selbstbewusstsein und -vertrauen, Überwindung der Sozialphobie
- Seit 2018 Beginn einer Ausbildung zum MTLA (Medizinisch-technische Laboratoriumsassistenz)

- ## 2. Entwicklung der Dichtkunst
(weitaus weniger deprimierend als der Krankheitsverlauf)

- Unbekannt wann die ersten Anfänge stattfanden, Dichten fand ich jedoch schon immer faszinierend
- Rückschläge in der Schule, da Gedichte sowie Geschichten zu „oberflächlich"; resigniert
- 2013/2014: schreiben von ersten Songtexten (habe Gitarre gespielt, wollte eine Band gründen und habe mich schon mal fleißig ans Werk gemacht)
- 2015: erste Gedichte entstanden („„Die Einsamkeit des klaren Himmels" als erstes, darauf folgten „Die Elegie der blauen Rose" und „Entzug der Lebenssucht")
- 2016/2017: erste Ideen ein Gedichtband zu veröffentlichen dank einer Therapeutin, die mich dazu motivierte (Grüße und herzlichen Dank an der Stelle!)
- 08/2017 Schreibrausch, der mein Ziel zum Schreiben des Buches festigte
- 12/2017 bis 01/2018: weiterer Schreibrausch, zwar gibt es von dieser Zeit keine Gedichte in diesem Buch, das liegt allerdings daran, dass mich das Buch „In stillen Nächten", einer Sammlung von Gedichten des Frontsängers Till Lindemann von der Band „Rammstein" (ziemlich makabrer Kram, dementsprechend meine entstandenen Gedichte) dazu inspirierte; nichtsdestotrotz weitere Motivation und Sammlung an Erfahrung
- 2018 Fertigstellung des Buches!
- 08. März 2019: Veröffentlichung im BoD-Verlag
  Einen Traum schon mal erfüllt!

3. 10 persönliche Favoriten und warum

1) „Die Einsamkeit des klaren Himmels" (aus: „Himmelsgedichte"), es war mein erstes offizielles Gedicht an dem viele Emotionen, Glücksgefühle und Stolz dranhingen. Ich weiß noch wie ich spät abends auf der Terrasse saß und im Dunkeln mit Heft und Bleistift Zeile für Zeile schrieb. Kräftig war ich am Überlegen wie ich die Verse gestalte, was ich aussagen will und welche Worte ich verwende. Das Ergebnis, als es dann fertig war, erfüllte mich mit unheimlich viel Stolz. Mein erstes, richtiges Gedicht und es war grandios! Über mehrere Wochen verliefen kleinere Korrekturen und Feinarbeiten (immerhin war ich noch nicht so routiniert mit Gedichten und mir fielen immer wieder Kleinigkeiten auf, die störten oder die verbessert werden konnten. Damals brauchten Gedichte noch seine Zeit im Gegensatz zu heute, wo ich sie meistens in einem Rutsch durchschreibe, weiß wie ich vorgehen muss, welche Reime ich nutzen kann und wie ich sie nutzen kann). „Die Einsamkeit des klaren Himmels" war der Auslöser mit dem Schreiben von Gedichten zu beginnen. Das Vorhaben ein Buch zu schreiben, kam jedoch später.

2) „Über die Illusion, die Realität erträglich macht" (aus: „ Über Depression"), es beschreibt meine Lage mit der Schizophrenie im Alltag recht gut, zudem habe ich das Gedicht geschrieben, nachdem ich bereits mit meiner Freundin zusammen war, sie hat vieles ins Positive gerückt und das Gedicht war das erste Zeichen dafür,

dass es mir nun besser ging und ich >>partout im Leben<< stehe.

3) „Chance" (aus: „Über Depression"), ursprünglich wollte ich lediglich ein Gedicht mit mehreren Strophen schreiben, die sich alle auf denselben Reim reimen ließen (Haufenrreim). Das Ergebnis hat mich selbst überrascht und ist nicht umsonst auf dem Rücken des Buches zum Anfüttern abgebildet. Es zeigt mein eigentliches Ziel, welches ich mit diesem Buch verfolgen und ausdrücken wollte: Kämpfen! Stets weiterzukämpfen mit seinen inneren Dämonen, den Mut zu finden, dem harten, oft grausamen Leben ins Gesicht zu sehen und vor allem an sich zu arbeiten, um seine Lebenssituation zu verbessern. Von „Chance" gibt es zwei weitere Teile, die ich jedoch erst nach der Veröffentlichung des Buches geschrieben habe und dementsprechend auch erst mit dem nächsten Band erscheinen.

4) „Moment der Unachtsamkeit" (aus: „Momente"), für mich der Klassiker unter den Problemen von psychisch erkrankten Menschen, die oft zum Pessimismus neigen (bes. bei Depression). Es soll eine kleine Erinnerung daran sein auch kleine, schöne Momente wertzuschätzen, bzw. sie erst einmal als diese zu erfassen und zu registrieren. Schließlich machen die kleinen Dinge im Leben den wahren Glanz aus.

5) „Die Elegie der blauen Rose" (aus: „Balladen & Elegien), eines meiner ersten Gedichte, die ich für meine

Anfangszeit als äußerst anspruchsvoll empfand. Ursprünglich trug es den Namen „Die Ballade der blauen Rose", aber da der sehnsüchtige, schwermütige Charakter eher für eine Elegie sprach, nannte ich es um. Zur damaligen Zeit empfand ich meine Liebe dementsprechend: >ein unerfüllbares Verlangen, aussichtslos, ein vergebliches Hoffen<. Nur zwei, drei Jahre darauf fand ich meine große Liebe (ich weiß wie kitschig und naiv das klingt), mit der ich mittlerweile zwei Jahre zusammen bin. Die blaue Rose symbolisierte damals für mich die „blaue Blume", welche für eine sehnsuchtsvolle, unerreichbaren Liebe steht. Für diese verstärkte Form der Romantik entschied ich mich für die typische Blume der Liebe: eine Rose. Andererseits, im späteren Verlauf, empfand ich sie eher als Hoffnungsträger, dass irgendwann meine Liebe wahrwerden würde. Von diesem Gedanken angetan, ließ ich mir zwei blaue Rosen auf den Unterarm tätowieren. Zwei Rosen für zwei Menschen, die ihre große Liebe endlich gefunden haben. In Japan steht sie für eine erfüllte Liebe und wird oft zu Hochzeiten verschenkt.

6) „Der Zwiespalt der Lethe" (aus: „Balladen & Elegien), einer meiner absoluten Top-Favoriten. Zur Zeit als es geschrieben wurde beschäftigte ich mich ausgiebig mit Philosophie (bes. Nihilismus), Leben und Tod. Das Ergebnis ist einerseits dieses Gedicht, andererseits eine Romanidee, in der die Lethe eine wichtige, zentrale Rolle spielt. Die Frage, die ich damit provozieren will ist: „Wie würdest Du nach dem Tod, wenn Du an der Lethe eine Entscheidung fällen müsstest, Dich

entscheiden, wenn Leben so nichtig scheint?" Klar würden die meisten sofort sagen „Leben natürlich!", aber wer mehr als genug gelitten hat in seinem Dasein, würde sich vielleicht anders entscheiden. „Nochmal solches Leid erleben? Oder darf ich vielleicht ein besseres Leben erfahren?" Meine persönliche Entscheidung für diese Frage ist noch nicht gefällt und sicherlich würde es sich über die Jahre immer wieder ändern. Die endgültige Wahl bliebe mir bis zum Tod erhalten und mal schauen welche Richtung ich gehen werde.

7) „Schmetterling (I-III)" (aus: „Liebe & Süßes"), drei Liebeshymnen für die Beziehung zwischen mir und meiner Freundin. Während der erste Teil noch eine Liebeserklärung ist, die die Zeit vor und nach dem Zusammenkommen reflektiert, beschäftigt sich der zweite Teil mit der Rosaroten-Brille-Phase. Im dritten Part ist schon einige Zeit vergangen. Man hat Höhen und Tiefen erlebt und überwunden und sagt klar: „Ich liebe dich immer noch und werde bis zum bitteren Ende an deiner Seite verweilen!"

8) „Die Finsternis des winterlichen Nachthimmels" (aus: „Himmelsgedichte"), ich weiß noch, dass ich es nicht im Winter schrieb, sondern im Sommer. Es war das zweite Himmelsgedicht und der Auslöser dafür, dem Himmel ein ganzes Kapitel zu widmen mit unterschiedlichen Wetterbedingungen, welche verschiedene Emotionen zugesprochen wurden. „Die Finsternis des winterlichen Nachthimmels" wirkt sehr depressiv, wenn nicht sogar suizidal. Gleichzeitig zeigt es auch,

dass dieser schwermütige Stil genau mein Ding ist. Zwar wende ich mich mittlerweile von diesem Stil und diesen Thematiken ab, aber hin und wieder kommt das Schwermütige in mir zum Vorschein - es ist einfach in mir drin. Ein weiterer Grund warum ich dieses Gedicht so tief ins Herz geschlossen habe, ist, dass ich hierzu eine schöne Rockballade komponiert habe. Vielleicht gibt es die ja irgendwann mal zu hören. ;)

9) „befreit" (aus: „Balladen & Elegien"), hierbei geht es um eine arme Seele, die ihr Leben nicht akzeptieren konnte und noch nicht bereit war für das Abtreten aus dieser Welt. Das sprechende Grab symbolisiert eine Art Behälter für die Toten, der ihnen Frieden geben soll (also nicht viel anders als ein eigentliches Grab, nur mit dem Unterschied, dass das Grab im Gedicht sprechen kann). Aus irgendeinem Grund hat dieses Gedicht etwas inne, weshalb es mich anzieht. Vielleicht die Düsternis? Dass ich mich damit identifizieren kann? Es strahlt jedenfalls einen ganz eigenen Charme aus, welches ein wohliges Gefühl in mir erzeugt. Auch für dieses Gedicht habe ich ein Lied geschrieben, weswegen ich es ausgesprochen gern hab.

10) „Entzug der Lebenssucht" (aus: „tiefstes Schwarz"), kein Wunder, dass dieses Gedicht in meiner Top Ten erscheint, wenn das Buch danach benannt ist. Wie im Vorwort bereits erwähnt, handelt es sich hierbei um die Entzugserscheinungen von der Sucht nach Leben und Lebendigkeit. Es ist ein Klagegedicht schlechthin. Eine passive Aggressivität, die auf einem Fundament

aus tiefster Verzweiflung gebaut ist, begleitet den Leser Zeile für Zeile. Das Gedicht ist eine Mahnung an die Unterschätzung von Depression. Ich glaube, dass das Buch ausführlich über das Gefühlsleben eines Depressiven berichtet, aber dieses Gedicht zeigt es am deutlichsten: Trauer, Verzweiflung, Wut (v.a. auf sich selbst), Hoffnungslosigkeit, Hilflosigkeit, Ausweglosigkeit, kurz um: Depression.

Danke

Herzlichen Dank, dass Du es bis hierhin gelesen hast! Zudem hoffe ich, dass Dir das Buch gefallen hat oder sogar nützlich bzw. eine Hilfe war. Dieser Band wird nicht der erste und letzte sein, deshalb würde es mich außerordentlich freuen, wenn Du auch weiterhin meine aus Leidenschaft geschriebenen Bänder liest, empfiehlst und mir eventuell konstruktive Kritik dalässt. Wie Du mich erreichst findest du auf der nächsten Seite. Ich freue mich auf Deine Nachricht!

Weitere Personen, denen ich danken möchte, abgesehen von Dir: Meine bezaubernde und wunderbare Freundin und Illustratorin Wiebke Schalk, Meine gutmütige und stets dagewesene Mutti, die Therapeuten und Psychologen der MEDIAN Klinik Schelfstadt, das unermüdliche, tatkräftig unterstützende Team der ANKER Sozialarbeit, meinen lieben grauhaarigen Fans aus meiner Familie, auch Omas genannt; selbstverständlich auch alle anderen meiner Familie, die mich und dieses Buch unterstützen; mein unerbittlich, für uns kämpfendes Schwiegermonsterchen; dem BoD-Verlag, der mir den Traum zum Buch veröffentlichen erfüllt hat; Freunde, Klassenkameraden, Lehrer, Psychologen, Psychiatern, Personen alter Zeiten, die mir stets den Rücken gestützt haben; meinen zuckersüßen, doofen und gefräßigen Kaninchen: Mable, Ryan und Holly (Holly ist ein Männchen); mein Piano mit der kaputten Taste, mein Handy, auf dem ich immer meine Gedichte verfasse; mein PC, ohne dem ich die Gedichte nicht zum Buch hätte zusammenstellen können; die Luft um mich herum, die mir stets den nötigen Sauerstoff gibt, um denken und leben zu können; mein Dingsbums da, was mir gerade nicht einfällt; meine Urahnen, ohne die ich nicht wäre; das Gesetz, das alles ein Ende hat; und damit ein letztes Dankeschön für Deine Aufmerksamkeit, dass Du diese alberne Danksagung bis zum Schluss gelesen hast. Danke vielmals!

Kontakt

Autor
Tobias Tucholski
E-Mail: tobias-tucholski@web.de

Illustratorin
Wiebke Schalk (WIBITO)
E-Mail: WIBITO@web.de
Website: wibito.jimdofree.com

Bibliografische Information der Deutschen Nationalbibliothek: Die Deutsche Nationalbibliothek verzeichnet diese Publikation in der Deutschen Nationalbibliografie; detaillierte bibliografische Daten sind im Internet über dnb.dnb.de abrufbar.

2. Auflage 2019

© 2019 Tobias Tucholski
Herstellung und Verlag
BoD – Books on Demand, Norderstedt

ISBN: 978-3-73860-176-3